주식의
바다에서
서핑하듯
투자하라

한강의 철새는 겨울에 날아옵니다.

도래지는 바로 밤섬이지요.

주로 모이는 곳에만 모입니다.

서핑은 주로 여름에 합니다.

서핑을 즐기는 여름이 왔더라도

큰 파도가 치는 곳은 따로 있지요.

주식투자도 마찬가지입니다.

철새가 오는 겨울처럼, 서핑을 즐기는 여름처럼,

대세 상승기의 좋은 시즌이 있습니다.

철새가 모이는 밤섬처럼,

서퍼들이 찾는 큰 파도가 치는 곳처럼,

상승장을 주도하는

업종과 테마가 따로 있습니다.

누구나 성공할 수 있는 '대세 상승기 투자법!'

주식의 바다에서 서핑하듯 투자하라

+ 20   + 40

+ 5

| 알렉스 강 지음 |

smart business

파도를 거스르지 말고,
파도를 타고 '서핑하듯 투자하라!'

잔잔한 바다는 평화롭지만 파도를 탈 수는 없다. 파도를 즐기기 위해서는 파도치는 바다를 찾아가야 한다. 어떤 사람들은 파도치는 바다는 위험하다고 생각한다. 그러나 어떤 사람들은 잔잔한 바다보다는 파도치는 바다를 좋아하고, 그런 파도를 더욱 만끽하기 위해서 서핑보드를 타는 사람들도 있다.

여러분은 어떤가?

꼭 서핑보드가 없어도 좋다. 해수욕장에서 밀려오는 파도를 온몸으로 느껴본 사람이라면, 그 유쾌하고 생동감 넘치는 느낌을 알 것이다.

자, 이제 상상해보자. 파도가 밀려드는 해변에 서있는 나를 말이다. 넓디넓은 바다에서 끝없이 파도가 밀려온다. 막을 수도 없고, 붙잡아둘 수도 없다. 그저 파도가 밀려오면 밀려오는 대로 몸을 띄울 수 있으니 좋다. 파도가 지나가면 파도에서 빠져나와, 다음 파도를 기다려야 한다. 흘러가는 파도는 내가 어찌할 수 없다.

그런데 이런 파도를 막아보겠다고 혹은 붙잡아보겠다고 맞선다면 어떻게 될까?

온몸으로 파도를 막아보겠다고 큰 파도에 부딪쳤다가는 균형을 잃고, 자칫 엄청나게 짠 물을 한 사발 들이킬지도 모른다. 용케 몇 번은 버틴다고 해도 결국에는 자포자기하고 지친 상태로 바다에서 나오게 될 것이다.

하락장에서 고군분투하기보다
상승장에서 투자하여 수익을 극대화하라

주식투자도 마찬가지다. 증시의 흐름을 보면 어떤 때에는 시장 대부분의 종목들이 상승을 이어간다. 밀려오는 파도다. 상승의 파도가 밀려오는 것을 확인하면, 몸을 그 흐름에 맡겨도 좋다. 상승장의 파도가 내 자산을 한껏 밀어 올려줄 테니 말이다.

그러다가 어느 순간이 되면 파도는 빠져나간다. 주식시장의 상당히 많은 종목들이 연일 하락하기 시작한 것이다. 이런 상황이라면 파도에서 나와 안전하게 다음 파도를 기다리면 된다. 머지않아 이전보다 더 멋진 파도가 칠 것이 분명하기 때문이다.

그러나 시장의 흐름을 읽지 못하고 계속 물속에 몸을 던지게 되면 어떻게 될까?

끌어올려 주는 힘이 없으니 물에 빠질 것이다. 바다에서라면 그냥 물 좀 먹으면 되지만, 투자의 세계에서는 피해가 크다. 그곳에는 누군 가 물에 빠지길 기다리고 있는 상어 떼가 우글거린다. 조금이라도 균 형이 흐트러져 물에 빠지는 개인투자자들이 보이면, 쏜살같이 달려와 투자금을 물어뜯어 간다. 그렇게 점차 줄어드는 계좌잔고를 보고 있자 면 정말 끔찍하다.

그러면 어찌해야 할까?

먼저 숲을 보고 그다음 나무를 보는 것이 좋다. '주식시장의 상승기' 라는 큰 그림을 보고 그 시기에만 투자하면 된다. 그렇다고 거시경제 를 분석하라는 말이 아니다. 복잡한 경제학 분석이 아니더라도 주식시 장의 흐름을 읽을 수 있는 방법은 많다.

과거 주식시장의 흐름을 보면 끊임없이 상승했다가 하락하는 파도 처럼 움직인다. 그런데 모습은 파도와 같지만 주식시장은 엄청나게 느 리게 움직인다. 순식간에 밀려왔다가 눈 깜짝할 새에 빠져나가는 파도 와는 다르다. 주식시장의 상승기는 언제 시작했는지 모르게 왔다가, '지금쯤이면 상승기인가?' 하는 순간부터 천천히 빠져나간다. 모든 흐 름이 지나고 나서야 겨우 알 수 있을 정도다. 주식시장의 파도는 몇 개 월에서 1년이 넘는 시간 동안 진행되기도 한다.

이런 대세 상승기에 슈퍼개미들이 생긴다. 물론 그들이 주식투자를 잘해서인 이유도 있겠지만, 아무리 투자 실력이 좋다고 한들 시장이 받쳐주지 못하면 불가능한 일이다.

주식의 바다에서 서핑하듯 투자하라

그러므로 주식투자는 긴 호흡으로 시장과 함께 이해하는 것이 반드시 필요하다. 설사 단기투자자일지라도 긴 흐름을 읽는 것은 필수다. 하락장에서 고군분투하기보다는 상승기에 투자하는 것이 수익을 극대화할 수 있기 때문이다.

큰 이론에서 시작하여
자신만의 투자 개념을 만들고 훈련하라!

최진석 교수는 〈자신의 주인으로 산다는 것〉이라는 강연에서 이런 이야기를 했다. 장자莊子를 보면 천도天道편에서 제나라 15대 왕 '환공'과 수레바퀴 깎는 장인이었던 '윤편'의 대화가 나온다.

어느 날 환공은 책을 읽고 있었는데 윤편이 말을 걸었다.

"책에는 무엇이 쓰여 있습니까?"

"성인의 말씀이 쓰여 있다."

"그러면 그 성인들은 살아있습니까?"

"모두 죽었다."

"그렇다면 왕께서 읽고 있는 책은 성인들이 남긴 찌꺼기입니다."

"무슨 소리냐? 설명해봐라."

"저는 수레바퀴 깎는 일만 평생 해왔습니다. 조금 느슨하게 깎아도 안 되고, 조금 빽빽하게 깎아도 안 됩니다. 정확하게 깎는 능력은 오직 제 손에서만 이루어지는 일이지, 이것을 누군가에게 전할 수는 없습니다. 그래서 심지어는 제 아들에게마저도 아직까지 수레바퀴 깎는 기술을 전수해주지 못했고, 이 나이까지도 제가 직접 수레바퀴를 깎고 있는 것입니다."

이 세상에 존재하는 것은 오직 현실과 사건만 있을 뿐, 이론은 현실이 남긴 찌꺼기다. 이론은 사건을 정리해놓은 것인데 첫 번째 사건을 통해 첫 번째 이론이 생기고, 두 번째 사건을 통해 두 번째 이론이 발생한다. 이때 우리가 이론을 공부하는 이유는 유사한 사건에 잘 대처하기 위해서다.

그러나 아무리 사건이 유사하다고 하더라도 시간의 흐름에 따라 정확히 똑같을 수는 없다. 성인들의 가르침은 그 당시 그 성인이 있었던 시간과 장소에서만 진리일 뿐, 시간이 지나간 현재는 단지 성인이 남긴 이론의 파편일 뿐이기 때문이다.

우리는 그 찌꺼기에 남아있는 향기를 통해 성인들의 이론을 오늘날에도 진리인 것으로 착각하고 있는 것이다.

제시 리버모어, 워런 버핏, 벤저민 그레이엄을 비롯하여 수많은 투자의 성인들도 저마다 이론을 내놓았다. 그러나 그런 이론들은 오직 그 사람들이 투자하고 분석했던 당시에만 진리였을 뿐, 현재 투자하고 있는 우리에게는 찌꺼기일 수밖에 없다.

그래서 아무리 주식 이론들을 공부해도 수익과 연결시키기 어려운 것이다. 개인투자자에게는 매일 새로 시작되는 주식시장의 새로운 사건과 그에 해당하는 새로운 이론만이 존재할 뿐이다.

그래서 주식투자에서 성공하기 위한 다음의 두 가지가 필요하다.

주식의 바다에서 서핑하듯 투자하라

첫째, 가급적 이론들 중에서도 가장 큰 이론에서 먼저 시작해야 한다. 시간, 장소, 종목에 따라 달라지는 이론이 아니라 모든 투자 이론들을 포괄하는 보편적 개념이다. 이것은 주식투자에서 '쌀 때 사서 비쌀 때 팔아라'가 될 것이다.

그런데 주가는 언제 오를지는 아무도 모른다. 그렇기 때문에 주식투자로 수익을 내기 위해서는 쌀 때 사서 비쌀 때 팔든지, 아니면 비쌀 때 사서 더 비싸게 팔아야 한다. 이때 내가 매수한 가격보다 높은 가격에 매도하기 위해서는 대세 상승기에 투자하는 것이 좋다. 시장의 모든 종목이 상승하는 시점이라면, 개인투자자마다 믿고 있는 이론이 어떻게 달라지던지 수익을 거둘 수 있기 때문이다.

둘째, 포괄적 이론을 바탕으로 자신만의 투자 개념을 만들고 훈련해야 한다. 오직 지금 자신의 손끝에서만 발현되는 현실만이 진리라고 이야기하는 '윤편'처럼 말이다. 우리가 저마다 이론을 공부하는 것에서 그치지 않고, 그 이론이 내 손끝에서 새롭게 창조될 수 있도록 훈련해야 한다.

개미가 부의 사다리에 올라탈 수 있는
생산적, 대세 상승기 투자법

이를 위해 이 책에서는 다음 5개의 챕터로 이야기를 풀어간다.

'chapter 1'에서는 주식투자를 '시작하기 전 준비사항'을 설명한다.

주식투자를 위해 단순히 돈과 계좌 그리고 몇 권의 책이 전부가 아니다. 주식투자를 시작하기 전에 공부하면서 먼저 자신을 알고 시장을 알아야 하며, 실제 꾸준히 수익을 내기 위해서 각각의 요소를 제대로 이해하고 활용하는 방법을 소개한다.

'chapter 2'에서는 이 책의 핵심인 '주식투자의 좋은 시즌'을 설명한다. 증시는 끊임없이 상승과 하락을 반복한다. 이는 개별종목뿐만 아니라, 전체 시장의 흐름도 마찬가지다.

좋은 시즌을 찾는 기술적 분석과 기본적 분석뿐만 아니라, 과거 사례를 통해 좋은 시즌의 기회를 찾는 방법을 배워본다. 시장의 분위기가 좋은 대세 상승기에만 투자할 수 있다면, 전체 시장이 상승할 때 매수했다가 하락 시기에는 매도 후 현금을 보유하는 방법을 사용할 수 있다. 이렇게만 된다면 디테일에서 조금 부족하더라도 평균 이상의 큰 수익이 가능하다.

'chapter 3'에서는 증시 상승기에 '상승을 선도하는 업종'을 설명한다. 좋은 시즌 가운데에서도 가장 큰 파도를 알아볼 수 있게 된다면, 약간의 노력만으로 가장 높이 올라갈 수 있다. 상승장 파도를 일으킬 주도업종을 찾는 방법과 함께, 다가올 상승장에서 가장 큰 파도를 일으킬 테마들을 예측해본다.

'chapter 4'에서는 가장 디테일한 '개별종목'과 안전하게 수익을 확정 짓는 '매도 방법'을 설명한다. 증시의 상승기에 주도업종을 찾는 것에서 끝이 아니라, 좋은 종목과 좋은 타이밍까지 찾을 수 있다면 위험은 그만큼 줄어든다. 그리고 리스크를 최대한 피하는 방법과 나쁜 시

주식의 바다에서 서핑하듯 투자하라

즌에도 수익을 내는 방법도 살펴본다.

그리고 수익을 확정 짓는 매도 방법을 각 상황별로 알아본다. 그동안 매수 방법에 대해 설명했으나 적절한 시기에 매도하지 못한다면, 그나마 거뒀던 수익도 사려져 버리기 때문이다.

'chapter 5'에서는 자신만의 투자 이론을 '완성하기 위한 방법'을 설명한다. 여러 가지 매매법을 머리로는 이해하지만, 실행하지 못하여 실패하는 경우가 많다. 혼란을 극복하는 정액 매입법, 주식계좌 운용 방법, 심리적 안정과 페이스 조절로 수익을 극대화하는 실전 팁, 마지막으로 자신만의 매매법을 완성하는 방법을 짚어본다.

부디 이 책이 개인투자자들에게 실전적 도움이 되었으면 하는 바람이다. 전작이었던 《네이버 증권으로 배우는 주식투자 실전 가이드북》을 읽고 카페까지 찾아오셔서 남겨주시는 감사와 응원의 메시지를 볼 때마다, 필자의 책이 단 한 명의 투자자일지라도 누군가에게 도움이 될 수 있다는 것에 큰 보람을 느꼈다.

끝으로 이 책이 완성되기까지 힘이 되어준 나의 아내, 그리고 사랑하는 아들과 딸에게 그동안 많은 시간을 함께하지 못해 미안하고 기다려줘 고맙다는 이야기를 전한다. 그리고 책이 나오기까지 도움을 주신 스마트비즈니스 이종록 대표님께도 감사의 마음을 전한다.

· chapter 1 ·

주식투자의 바다에
'뛰어들기 전에!'

+ 20

+ 40

+ 5

주식투자!
Why?

"아이고, 아서라! 주식하면 망한다!"

어른들, 지인들에게 이런 이야기를 들어본 적이 있는가?

몇 년 전까지 주식투자는 엄청나게 위험한 투자라고 생각하는 사람들이 많았다. 그래서 주변 사람들에게 주식투자한다고 하면, 항상 조심하라는 이야기를 먼저 들었다. 네이버에서 '주식투자, 자살'을 검색해보면 많은 뉴스가 검색된다. 주식투자에 실패한 뒤, 극단적인 선택을 한 사람들이 그만큼 많았다는 증거다.

그러나 2017년부터는 조금 사정이 달라진 것 같다. 일단 우리나라의 코스피 지수가 박스권을 돌파했기 때문이다. 물론 2018년에 들어서 큰 하락이 있었지만, 그래도 2017년까지의 상승을 잘 탈 수 있다면 괜찮은 수익을 거둘 수 있었을 것이다.

그리고 주식투자와는 비교할 수 없을 정도의 위험한 투자, 바로 암호화폐가 언론에 크게 등장했다. 나라를 떠들썩하게 했던 암호화폐의 투자 위험성이 알려지고 난 뒤, 주식투자는 오히려 건전하고 안정적인 투자 수단이라는 인식이 자리 잡기 시작했다.

주식은 기업의 가치를 지분으로 나누어 주식 수만큼 가질 수 있고, 기업의 수익이 좋아지는 만큼 주가도 상승한다. 그런 의미에서 주식투자는 자본주의 세상에서 통용되는 합리적인 투자 수단이다.

투자의 방법은 여러 가지가 있다. 주식투자뿐만 아니라 부동산, 채권, 귀금속, 원자재 등 다양하다. 하지만 일반인으로서 가장 쉽게 접할 수 있는 투자 수단은 역시 주식, 채권, 부동산이다.

안타깝게도 현 정부가 들어서면서 부동산 관련 투자는 각종 규제를 받기 시작했다. 부동산투자에 반드시 필요한 대출은 더 이상 쉽게 받을 수 없게 되었다. 대출을 할 수 없으니 보유 현금이 적은 일반인들로서는 부동산투자를 접을 수밖에 없다.

그리고 부동산투자에 대한 인식도 변화하고 있다. 부동산 안정화를 위한 각종 대책과 관련 뉴스들은 부동산에 투자하는 사람들을 투기꾼으로 보는 것 같은 불편한 시선을 느끼게 한다. 심지어는 투자 목적이 아니라, 불가피하게 집을 2채 이상 보유하고 있는 사람까지도 매도하는 분위기다.

반면 주식투자에 대하여 정부는 주식시장 부흥에 대해 이야기하고 있다. 그러나 2018년 초부터 이어지는 하락장세, 그 속에서 기관과 외국인의 매도세로 인해 주식시장이 출렁였다. 그 여파로 많은 개인투자자들이 상처를 입기도 했다. 어느 것 하나 쉬운 것이 없다.

자본주의 사회에서 우리가 행복을 온전히 누리기 위해서는 시간과 자유를 살 수 있는 돈이 필요하다. 물론 돈이 우리 인생에 전부는 아니지만, 그래도 반드시 필요하다는 것은 부인할 수 없다.

그러나 돈은 항상 부족하다. 절대 욕심이 과해서만은 아니다. 여행을 가고 싶어도 돈이 없어서 못 간다. 가끔은 소고기라도 아이들에게 구워 먹이고 싶지만 가격이 부담되어 외식 횟수를 줄인다. 외벌이로는 더 이상 살아갈 수 없기에 맞벌이를 시작해보기도 하지만, 사정은 크게 다르지 않다.

돈이 부족한 이유는 우리가 온전히 개인의 노동력과 시간을 돈과 바꾸고 있기 때문이다. 혼자 일하는 것도 모자라 맞벌이까지 해보지만, 여전히 돈은 부족할 수밖에 없다. 돈의 가치는 계속 줄어들고 있지만 매년 월급은 거의 그대로다. 아니, 물가상승률을 생각하면 우리가 벌어들이는 돈은 해가 갈수록 오히려 줄어드는 상황이 되었다. 그래서 예전과 같은 행복을 누리기 위해서는 더 많은 돈이 필요하다.

온가족이 일을 해서 버는 돈으로도 부족하다보니 이미 20여 년 전부터 재테크라는 단어가 등장했으며, 이때부터 상당히 많은 재테크 서적이 출판되었다. 그런데 초창기 재테크에 대한 인식은 일확천금을 만들고, 단시간에 10억 원의 자산을 달성하는 것이었다. 이런 분위기를 타고 고수익을 보장해준다는 사기꾼들도 생겨났다.

그러나 공부하는 투자자들이 늘어가고 재테크는 그런 것이 아니라는 이해가 자리잡아 가게 되면서, 점차 건전한 투자 마인드가 퍼지게

주식의 바다에서 서핑하듯 투자하라

되었다. 재테크를 위해 사람들은 여러 가지 방법을 생각하기 시작했지만, 결국 일반인이 소액으로도 쉽게 접할 수 있는 방법은 주식밖에 없었다. 이것이 바로 현대 자본주의 사회에서 주식투자가 필요한 이유다.

대출 없이 부동산에 투자할만한 큰돈이 없는 개인들로서는 제법 괜찮은 수익률을 기대할 수 있는 유일한 투자 수단이다. 하지만 주식투자는 제대로 알고 시작해야 한다. 이를 위해 반드시 충분한 공부가 된 이후에 투자를 시작하기 바란다.

주식투자에 대하여 공부하려면 우선 책을 읽게 되는데, 이때 경계해야 할 것이 있다. 바로 주식투자에서 성공한 사람들의 이야기다. 흔히 말하는 평범한 직장인이 단기간 엄청난 수익을 통해 부자가 되었다는 이야기 말이다. 어떤 슈퍼개미는 500만 원 정도의 초기 자금으로 투자를 시작하여, 지금은 수백억 원대의 자산가가 되기도 했다고 한다.

그러나 이런 일이 쉽게 일어날 수 있겠는가?

삼성의 이병철 회장과 이건희 회장, 현대의 정주영 회장, 교보의 신용호 회장, 일본 소프트뱅크의 손정의 회장 스토리 등 이런 거인들의 성공 스토리를 읽고 여러분도 지금 사업을 시작한다면 과연 그들과 같이 될 수 있다고 생각하는가?

하지만 슈퍼개미들의 주식 성공담을 읽다보면 왠지 자신도 할 수 있을 것만 같은 착각에 빠진다. 그래서 또다시 일확천금, 한탕주의 주식투자자가 된다. 주식투자에서 한탕주의는 무엇보다 주의해야 한다.

그렇다고 주식이 너무 어렵기만 한 것도 아니다. 조금만 공부하면 누구나 충분히 수익을 거둘 수 있기 때문이다. 여기서 '조금만'이라는 것은 실적을 꾸준히 내는 우량기업을 찾는 방법이다.

가끔 주식투자에 대한 고민을 상담하다보면, 큰돈을 잃고 찾아오는 투자자를 볼 수 있다. 그래서 개별종목에 대한 이런저런 이야기를 해 주고 있지만, 가장 중요한 결론은 "5년만 기다려보라."는 것이다. 이때의 전제는 반드시 실적을 내는 우량기업에 투자해야 한다는 데 있다.

5년만 기다릴 수 있다면 실적을 내는 좋은 기업의 경우, 대부분 회복이 가능하다. IMF가 찾아오고, 2008년 금융위기가 닥쳤어도 5년만 기다리면 모두 회복했다. 가끔은 10년 이상 내리 하락하는 기업도 있는데, 이는 실적을 못내는 기업인 경우가 대부분이다.

〈그림 1-1〉은 우리나라 역대 코스피 차트다. 이 차트를 가만히 지켜보면 우리나라 주식시장에서는 어떻게 투자해야 할지 어렴풋이 감이 잡힐 것이다. 아무리 고점에서 매수했을지라도 어느 정도 기다리면 다시 회복한다. 이는 반대로 아무리 저점에서 매수를 잘했더라도 적당한 시기에 매도하지 않는다면, 모든 수익을 다 까먹고 다시 본전이 되기도 한다.

우리나라는 미국 주식시장처럼 완만한 상승이 꾸준히 몇 십 년간 지속되는 모습은 아니다. 그보다는 상승과 하락을 반복하다가 가끔 한 번씩 크게 오른다. 그리고 크게 오르는 시기일지라도 그런 상승이 끝없이 계속되지는 않는다. 하락도 마찬가지로 한도 끝도 없이 내리기만 하는 것이 아니며, 저점에서 매수할 수 있는 기회를 주기도 한다.

주식투자를 공부하는 이유 중 하나는 이런 포인트들을 이해하고 수

주식의 바다에서 서핑하듯 투자하라

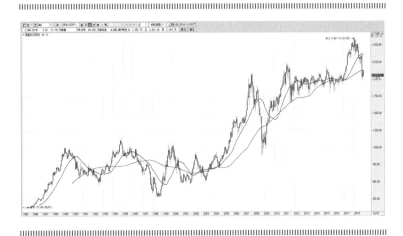

그림 1-1 | 우리나라 역대 코스피 차트

익을 내기 위해서다.

다시 한 번 우리나라 역대 코스피 차트를 보자. 그냥 단순히 보는 것이 아니라 투자자의 입장에서 다시 한 번 3분, 아니 1분이라도 가만히 살펴보자. 그리고 누군가 타임머신을 타고 30년 전의 여러분에게 이 차트를 줬다고 생각해보자.

파도가 보이는가?

언제 투자를 시작하고, 언제 빠져나와 다음 파도를 기다려야 하는지 이해가 되는가?

미래는 알 수 없지만, 역사는 반복된다. 과거와 현재의 흐름을 제대로 읽을 수 있다면, 파도의 시작 부분을 읽는 것도 불가능한 일이 아니다.

여러분도 할 수 있다. 자신이 직접 버는 돈에 더하여 자산도 함께 일을 하면서 우리의 수익을 늘려갈 수 있다. 이때 주식투자로 일확천금을 노리기보다는 안정적으로 조금씩 재산을 늘리기 위해 공부해보자. 나의 공부를 통해 일 년에 몇 백만 원이라도 자산이 더 늘어날 수 있다면 얼마나 큰 힘이 되겠는가?

그러면 주식 연봉을 안정적으로 벌기 위해서는 어떻게 해야 할까?

주식 연봉을 만드는
두 가지 방법

"나는 주식투자로 매달 월급만큼 번다!"

엄청나게 매력적인 말이다. 누구나 꿈꾸는 목표일지도 모른다. 주식투자로 매달 월급만큼 벌게 되면, 더 이상 직장을 다니지 않아도 될 테니 말이다. 그러나 쉽지만은 않은 일이다.

〈그림 1-2〉의 2016년에서 2018년까지 코스피 차트를 보자.

만일 2016년 2월 저점에서 투자를 시작하여 2018년 1월 고점에서 매도했다면 나름 큰 수익을 거둘 수 있었을 것이다. 이 시기는 주식으로 매달 월급만큼 버는 일도 불가능은 아니다.

그러나 2018년부터는 폭락과 횡보장이 이어지면서 상당히 많은 투자자들이 힘들어 하는 시기가 시작되었다. 과연 이런 하락장에서도 매달 월급만큼 버는 것이 가능할까?

2016년   2018년

그림 1-2 | 2016~2018년 코스피 차트

전업투자를 하며 데이트레이딩이 아닌 이상 상당히 힘든 일이며, 데이트레이딩을 한다고 할지라도 큰 수익은 힘들었을 것이다. 그래서 주식투자를 통해 매달 월급만큼 번다는 것은 거의 불가능하다. 월급이란 매달 고정적이고 안정적으로 꾸준히 나와야 하는데, 약세장이 시작되면 안정적인 수익이 어렵기 때문이다.

하지만 연봉이라면 어떨까?

주식투자로 연봉을 버는 방법은 크게 두 가지를 생각해볼 수 있다. 첫째, 증시의 상승기에만 투자하는 것이다. 증시의 대세 상승기였던 2016~2017년의 경우라면 누구나 쉽게 주식으로 연봉을 버는 것이 가능했을 것이다.

그러나 2018년과 같은 하락장에서는 조금 어려웠을지도 모른다. 그

주식의 바다에서 서핑하듯 투자하라

그림 1-3 | 2018년 코스피 차트

래도 주식 연봉이 불가능한 것만은 아니다.

〈그림 1-3〉에서 2018년의 지수 흐름을 보면 2주일에서 1개월 정도 짧게 상승하는 시기가 있다. 이런 시기를 잘 이해한다면 수익을 거둘 수 있었을 것이다.

그러나 본격적인 대세 상승기가 아니기 때문에 자칫 손해볼 수도 있었던 시기다. 그리고 잠깐의 상승기 이후 한 달 내내 하락하는 시기가 뒤따라오면서 힘들어질 수도 있기 때문에, 반드시 투자에 대한 공부가 필요하다.

둘째, 배당주에 투자하는 방법이 있다. 배당주투자로 배당 수익을 챙기려는 투자자라면 2016~2017년과 같은 상승장은 물론이고 2018년과 같은 하락장에서도 안정적인 수익이 가능했을 것이다. 배당 수익을 거두기 위한 장기투자자라면 주식시장의 흐름과 상관없이 지속적인 투자가 가능할 것이며, 하락장에서도 목표한 수익을 거둘 수 있다.

그러나 배당주투자에서 가장 어려운 점은 반드시 장기투자해야 한다는 것이다. 짧은 기간 동안 배당만을 노리고 매수했다가 자칫 주가의 하락이 배당금보다 커지는 상황이라면 손실을 볼 수도 있다.

그리고 장기적으로 매년 안정적인 배당을 주는 기업을 찾는 것도 중요하다. 경제 상황 변화에 따라 간혹 배당을 큰 폭으로 줄이는 경우, 배당금뿐만 아니라 주가 역시 크게 하락할 수 있다. 따라서 투자자 성향에 따라 나름의 투자법을 고민해야 한다.

주식 연봉을 만들기 위한 두 가지 방법 모두 일장일단이 있으나, 두 방법이 반드시 수익을 보장하는 것은 아니다.

장기투자하면서 주가의 등락과는 상관없이 안정적인 수익을 원하는 사람이라면, 배당주투자가 적합하므로 투자 기간을 길게 보고 안정적인 배당을 주는 기업을 찾는 방법을 공부해야 한다. 그리고 짧은 기간 동안 큰 수익을 원하는 투자자라면 증시 상승기에 투자하는 방법을 공부해야 좋을 것이다.

이것은 옳고 그름이 아니라 투자 성향에 따른 문제일 뿐이다. 따라서 투자자 본인의 성향에 따라 각자가 현 시점에서 본인이 선호하는 투자법을 선택하여 공부해야 한다.

책 제목을 보면 알 수 있듯이, 이 책에서는 배당주에 대한 투자보다는 주식시장의 상승기에 투자하는 방법에 대해 설명하고 있다. 그래서 짧은 기간 동안 큰 수익을 원하는 투자자에게 더 도움이 될 것이다.

그러나 책 머리말에서도 언급했듯이 투자법이라는 것은 본인이 처한 현 상황에 따라 변화하는 것이고, 이 책에서는 주식투자자라면 기본적으로 알아야 할 좋은 기업을 찾는 방법과 매수/매도와 관련된 필자만의 관점들을 소개하고 있으므로, 주식투자에 대해서 더 많이 알고자 하는 독자라면 누구에게나 도움이 될 수 있을 것이라 생각한다.

장비를 이해해야
고급 서퍼가 될 수 있다

바다에 뛰어들기 전 기초 체력과 준비운동은 필수다. 정말 그런 일이 일어날까 싶기도 하지만, 네이버 뉴스에서 '바다, 심장마비'를 검색해보면 매년 안타까운 뉴스가 끊이지 않는다.

기초체력과 준비운동은 주식투자를 위한 지식을 준비하는 것과 같다. 준비 없이 투자의 바다에 뛰어들었다가는 경제적 심장마비에 걸릴지도 모른다.

기초체력과 준비운동 이외에도 바다를 더 많이 즐기기 위해서는 여러 가지 장비가 필요하다. 그리고 그런 장비 하나하나를 능숙하게 다룰 수 있으면 바다는 더 이상 두려운 존재가 아니다.

주식투자라는 바다에서 서핑을 즐길 때 나를 도와줄 수 있는 구명조끼, 튜브 등의 장비에 해당하는 것은 주식투자를 더 잘할 수 있도록 돕

주식의 바다에서 서핑하듯 투자하라

는 도구일 것이다.

주식투자 전에 준비해야 할 도구에 대하여 알아보자.

주식계좌 여러 개 만들기

주식투자를 위해서는 계좌부터 만들어야 한다. 너무 당연한 이야기인가?

여기서 필자가 강조하고 싶은 점은 주식계좌를 많이 만들라는 것이다. 주식 계좌를 여러 개로 분리하여 활용함으로써 안정적으로 수익을 챙길 수 있기 때문이다.

주식계좌가 여러 개로 분리되어 있는 것은 투자자의 심리에 큰 영향을 미치기 때문에 매우 중요한 문제다. 이 책을 읽는 독자라면 재테크의 기본 중 하나인 통장 쪼개기라는 말을 들어봤을 것이다. 이는 주식에서도 마찬가지다. 더 자세한 내용은 'Chapter 5'의 〈아무도 가르쳐주지 않는 주식계좌 운용 방법〉에서 설명한다.

주식계좌는 인터넷을 통해 비대면 주식계좌를 개설하는 것을 추천한다. 그 이유는 짧은 시간에 여러 개의 주식계좌를 개설할 수 있을 뿐만 아니라, 증권사에서 받는 수수료를 무료로 해주는 이벤트를 많이 하고 있기 때문이다.

주식을 매매할 때에는 증권사에 위탁수수료를 내고, 국가에 증권거래세를 낸다. 이때 국가에 납부하는 증권거래세는 어쩔 수 없지만, 증

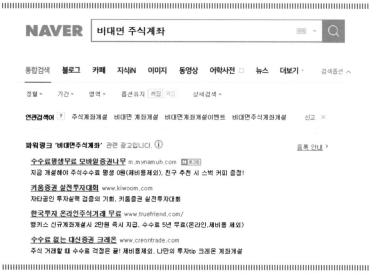

그림 1-4 | 집에서 손쉽게 비대면 주식계좌를 만들 수 있는 사이트

권사로 나가는 위탁수수료만 줄여도 새는 돈을 막을 수 있다. 스마트폰을 통한 거래 시 증권사 수수료는 보통 0.015% 내외다. 거래가 적으면 수수료와 세금이 크지 않지만, 거래가 빈번해지면 증권거래세뿐만 아니라 증권사 위탁수수료까지 추가되어 손실이 커진다.

따라서 이런 거래수수료도 아낄 수 있다면 최대한 줄이는 것이 좋다. 그런데 바로 이런 위탁수수료를 무료로 해주는 이벤트를 비대면 주식계좌 개설 시 많이 해주고 있다. 이를 찾아보고 주식계좌를 가능한 많이 만들어야 한다.

'비대면 주식계좌'를 검색해보면 〈그림 1-4〉처럼 여러 증권사에서 제공하는 주식계좌 만들기 사이트에 접속할 수 있다.

주식의 바다에서 서핑하듯 투자하라

스마트폰에서 증권통 활용

주식투자에 도움이 되는 어플리케이션으로 '증권통'을 추천한다. 먼저 필자는 이 어플리케이션과 아무런 이해관계가 없음을 미리 밝혀둔다. 이 어플리케이션은 전체 시황뿐만 아니라 관심종목, 보유종목의 현황을 한눈에 보기 편하게 활용할 수 있다. 그리고 세부종목 정보에서는 현재가, 차트와 보조지표, 뉴스, 재무 정보 등을 제공하고 있다.

시간적으로 여유로운 투자자라면 매번 증권사에서 제공하는 계좌를 열어볼 수도 있지만, 바쁜 직장인들은 로그인도 번거롭고 관심종목까지 한눈에 보기 어려울 때가 많다. 필자는 이 어플리케이션으로 종목을 빠르게 살펴보고 기술적 분석 및 기본적 분석을 위한 종목 가리기 정도의 용도로 활용하고 있다.

또한 이 어플리케이션에서 제공하는 노트 기능은 여러 계좌로 분산되어 있는 종목에 대한 정보를 한 번에 확인하기에 매우 유용하다. 다만 이 어플리케이션의 자세한 이용법에 대해서 어플리케이션 제작사에서도 자세히 알려주고 있지 않으므로, 주식 초보투자자라면 이용에

그림 1-5 | 스마트폰의 증권통 어플리케이션

어려움이 많을 것으로 예상된다.

이 책에서 증권통 활용 방법에 대해 자세히 기술하는 것은 적합하지 않으므로, 활용이 어려운 초보투자자들은 필자의 카페cafe.naver.com/alexstock에서 공유 중인 E-Book을 참고하기 바란다.

키움증권의 영웅문 MTS와 HTS

스마트폰을 이용해서 주식 거래를 하는 투자자라면 실제 활용하는 계좌와 상관없이 반드시 필요한 증권사 프로그램이 키움증권의 영웅문이다. 필자는 키움증권과도 아무런 이해관계가 없다.

왜 영웅문이 필요할까?

바로 PC에서 사용하는 HTS인 영웅문4와 스마트폰 어플리케이션인 영웅문S가 연동되기 때문이다. 필자는 보통 키움증권 HTS인 영웅문4의 조건검색을 통해 1차로 투자할 종목을 선별한다.

그림 1-6 | 스마트폰의 키움증권 영웅문S 어플리케이션

그림 1-7 │ PC를 통해 키움증권 사이트에서 다운받을 수 있는 영웅문4 HTS 프로그램

그러나 HTS는 PC에서만 작동되니 외출 시에는 사용이 제한되는 경우가 많다. 이때 PC에서 조건검색 식을 저장해두면 스마트폰의 영웅문S 어플리케이션과 연동되어 스마트폰에서도 확인이 가능하게 된다. PC에서 입력해둔 조건검색을 스마트폰에서도 연동하여 확인할 수 있으니, 투자를 위한 공간의 제약을 극복할 수 있다.

스마트폰 MTS를 위해서는 〈그림 1-6〉과 같이 영웅문S를 다운받으면 된다. 키움증권에 반드시 계좌를 만들어야 한다는 이야기가 아니다. 여러분이 키움증권에 거래계좌가 있든지 없든지 상관없다. 그냥 회원가입만 하면 얼마든지 활용할 수 있다.

키움증권의 HTS인 영웅문4는 키움증권 사이트에서 무료로 다운받을 수 있다. 이 프로그램을 사용하기 위해서도 역시 키움증권에 회원가입 후에 로그인이 필요하지만, 강력한 조건검색 기능을 제공하고 있으니 HTS를 통한 분석 시에는 본인의 주식계좌와는 상관없이 영웅문의 활용을 추천한다.

투자 정보 수집을 위한 네이버 증권

끝으로 증권투자를 위한 가장 유용한 도구가 있으니, 바로 네이버다. 예전에는 기업 분석을 위해 전자공시시스템DART을 주로 찾아보기도 했다. 그러나 요즘은 네이버에서 제공하는 각종 정보에 더하여 전자공시시스템의 자료도 바로 연결되어 볼 수 있다. 그래서 네이버를 더 많이 접속하게 된다.

그림 1-8 | 네이버 증권에서는 다양한 투자 정보를 제공하고 있다.

주식의 바다에서 서핑하듯 투자하라

이뿐만이 아니다. 네이버 증권에서는 업종과 테마, ETF, 상승하는 종목, 하락하는 종목, 투자자별 매매 동향 등 다양한 정보를 확인할 수 있다. 그리고 증권사 리포트를 통해 종목과 시황에 대한 애널리스트들의 분석도 한데 모아 보기 편하다.

주식투자를 하다보면 개인투자자들은 언제나 각종 투자 정보에 목마를 수밖에 없다. 이때 네이버만 제대로 활용할 수 있다면 이런 갈증을 어느 정도 해소할 수 있을 것이다. 네이버 증권의 활용에 대한 자세한 내용은 필자의 책《네이버 증권으로 배우는 주식투자 실전 가이드북》을 참고하기 바란다.

투자 전 공부는
반드시 필요하다

주식투자는 반드시 공부가 필요하다. 그런데 어떤 방식으로 공부를 해야 할지 막막하기만 하다.

"그냥 서점에 가서 주식 책을 많이 사다 읽어보면 될까?"

"아니면 유튜브나 경제TV의 주식방송을 매일 보면 공부가 될까?"

초보투자자들에게 난감한 주식 공부 방법에 대하여 알아보자.

1만 시간의 주식 공부?

공부와 성공에 대한 이야기를 하면 '1만 시간의 법칙'이 생각난다. 주식투자로 성공하기 위해서 정말로 1만 시간이 필요한 것일까? 1만 시

주식의 바다에서 서핑하듯 투자하라

간 동안 주식투자를 공부해야 성공할 수 있을까?

겨울철이면 스케이트장에서 땀을 흘리며 제2의 김연아를 꿈꾸는 아이들을 많이 볼 수 있다. 그러나 모두 김연아 선수와 같이 될 수 없다는 것을 우리는 잘 안다. 야구를 시킨다고 하여 모두 박찬호 선수가 될 수 없으며, 골프를 시킨다고 해도 박세리 선수처럼 되기는 힘들다.

운동뿐만이 아니다. 지금도 우리나라 수십만 명의 젊은이들이 모두 같은 책, 같은 강의를 들으며 공부하는 그것! 바로 공무원 시험이 있다. 그러나 결과는 철저히 갈린다. 누구는 높은 점수를 받아 공무원이 되고, 어떤 이는 몇 년을 도전해도 번번이 떨어진다.

주식투자 역시 일반인들은 아무리 공부해도 안 되는 것일까?

절대 그렇지 않다고 생각한다. 필자 역시 그 '일반인' 중 한 명이었으니까. 필자는 증권사나 금융권에서 일해본 경험이 없다. 그럼에도 주식투자에 대해, 그리고 큰 그림에서의 흐름에 대해 알고 있다고 자부한다.

물론 필자가 국내 최고의 주식투자 전문가는 아닐 것이다. 하지만 뭐 어떤가, 필자는 최고의 수익률을 올리는 주식투자자나 주식 분석의 최고 전문가가 되는 것이 인생 목표는 아니다. 주식투자를 통해 수익을 내고 있고, 일반 주식투자자들에게 주식투자에 관한 지식과 나만의 노하우를 전달할 수 있다면 충분하다고 생각한다.

주식투자의 세계에서는 우리가 모두 1등이 될 필요는 없다. 피겨스케이트, 야구, 골프, 공무원 시험 등 이런 것들은 모두 상대적 평가를 기반으로 한 경쟁이다. 경쟁자보다 더 나아야 내가 살아남으며, 그 경쟁 사이에서 바늘구멍을 통과해야 한다.

그러나 주식투자는 일종의 절대 평가다. 나만의 과하지 않은 목표치를 세우고 개인의 능력에 따라 만족할만한 수익을 낼 수 있다면, 그것으로 충분하다.

필자는 주식투자가 타고난 재능이나 지능과도 큰 상관이 없다고 생각한다. 오히려 주식투자는 단순한 몇 가지 규칙만 지키면서 매매하면 되기 때문에, 재능보다는 성실함과 과하지 않은 욕심이 더 중요하다고 생각한다. 주변을 살펴보면 오히려 똑똑함을 자부하는 사람들이 오만에 빠져 투자에 실패하는 경우가 더 많을 정도다.

그렇다고 주식 공부를 '적당히' 하면 될까?

주식투자에서 바늘구멍을 통과할 필요까지는 없지만, 그래도 어느 정도 공부가 필요하긴 하다. 필자가 생각하는 그 '어느 정도 적당히'의 경계는 바로 '손실'을 보지 않을 정도를 의미한다. 주식투자를 통해 최소한 수익, 단 1%라도 낼 수 있을 정도의 공부가 되어 있다면 언젠가는 성공할 수 있을 것이다. 1%씩이라도 꾸준히 수익이 누적된다면 향후에는 엄청난 수익이 될 것이기 때문이다.

그래서 주식 공부는 투자자 모두가 1만 시간씩 들여가면서 1등을 목표로 공부할 필요는 없다. 1%의 수익이라도 낼 수 있을 정도면 족하다. 1%의 수익 내기가 어렵다고 생각하는가?

이 책에서 설명하고 있는 '좋은 시즌'에만 투자한다면 수익을 거둘 수 있으니 너무 걱정하지 않아도 된다.

1%가 너무 작은 수익이라고 생각하는가?

이렇게 생각하는 독자가 있다면 혹시 주식투자를 일확천금의 요행을 바라며, 투자가 아닌 도박을 하고 있는 것이 아닌지 생각해보길 바란다. 그리고 책 후반부에 나오는 1% 수익의 가치에 대해서 읽어보고, 다시 한번 이 부분에 대해서 깊이 생각해보길 부탁드린다.

아는 것과 모르는 것

주식과 관련하여 내가 아는 것과 모르는 것을 명확히 해야 한다. 처음 주식을 시작하는 사람이 주식방송을 본다면 대부분을 이해하지 못할 것이다. 내용 이해는커녕 용어부터가 문제가 된다.

따라서 주식투자를 하기 위해서는 이평선이 무엇인지, 캔들은 무엇인지에 대한 용어부터 알아야 한다. 그래야 그 용어들을 이용해서 설명하는 내용들을 이해할 수 있다. 따라서 내가 아는 것과 모르는 것을 명확히 하고, 모르는 것에 대해서 하나씩 알아 가야 한다.

예전에 필자가 〈저자 나눔강의〉를 할 때 어떤 여성분이 손을 번쩍 들고 이런 질문을 했다.

"골든크로스가 뭔가요?"

이 질문을 듣고 잠시 혼란에 빠져 생각했다.

'골든크로스도 모르면서 주식 강의를 들으러 왔단 말인가?'

하지만 이내 정신을 차리고 자세히 설명해드렸으며, 스스로도 반성했다. '지식의 저주'에 빠져 있었기 때문이다. 필자에게는 너무 쉬워서 당연하게 생각했던 내용들이, 누군가에게는 처음 듣는 내용일 수 있다는 사실을 잊고 있었다. 그리고 자신이 모르는 바를 수십 명이 함께 듣는 강의 중간에 손을 번쩍 들고 궁금증을 해결하신 그 여성분께 박수를 보낸다. 자신이 아는 바와 모르는 바를 확실히 구분하고 극복하려는 자세다.

주식 공부의 시작은 용어에 익숙해지는 것이다. 그래서 주식 책을 읽어야 한다. 책을 통해 주식투자와 관련한 여러 가지 용어들을 자연스럽게 공부할 수 있다.

그러나 어느 정도 책을 읽게 되면 충분한 지식이 생겼다고 자신하여 투자를 시작해보지만, 결과는 역시 마찬가지일 것이다. 주식투자의 수익은 용어의 이해만으로 부족하기 때문이다.

그리고 주식투자 세계에서 용어 정의도 모두 제각각이다. 네이버에서 '우량주'를 검색해보자. 그러면 경제용어 사전의 설명 중 이런 부분이 있다.

"…… 우량주에 관한 정확한 기준이나 개념이 정립되어 있는 것은 아니지만 일반적으로 ……."

정확한 기준이나 개념이 정립되어 있는 것은 아니라는 설명을 먼저 한다. 대부분의 주식투자자들이 당연히 알고 있으려니 생각하는 '우량주'라는 개념조차 사실은 모두 제각각이라는 뜻이다.

우량주뿐이겠는가?

성장주, 저평가 우량주, 저평가 성장주 등 상당히 많은 용어들에 대해 우리는 그동안 뜬구름 잡는 개념으로 대충 알고만 있었던 것이다.

이런 용어를 사전적으로 아는 것에서 더하여 나만의 용어 정리 과정을 거치고, 이를 어떻게 활용하여 수익으로 연결시킬 수 있는 지까지 생각해야 제대로 아는 것이 된다.

그래서 자신이 정확히 알고 있는 것과 모르는 것을 이해하고, 부족한 부분에 집중하여 책을 읽고 이해하는 것은 매우 중요하다.

주식 공부의 시작, 독서

주식투자를 처음 시작한다면 주식 책이 기본이다. 앞서 이야기했듯이 우선 용어부터 알아야 한다. 기업의 보고서나 경제뉴스, 종목 분석에 자주 등장하는 용어들이 있는데 이를 제대로 이해해야 활용할 수 있다.

이런 용어들이 생소한 상태에서 실전투자에 들어간다는 것은 세력에게 투자금을 헌납하는 행동이다.

그러면 주식투자 책은 어떻게 읽어야 할까?

주식투자에 대한 책을 제대로 읽고 이해하기 위해서는 '훈련하는 독서 시스템'을 추천한다. 이 과정은 다음의 네 가지 단계를 거친다.

1. 책을 읽고 공부하면서 내용을 이해한다.
2. 책에서 언급한 차트, 재무제표, 뉴스, 실적 등을 직접 검색해본다.
3. 이론과 유사한 패턴의 종목을 찾아서 현 시점의 주가를 분석하고 매매

타이밍을 생각해본다.

4. 시간이 지난 후 자신의 생각이 맞았는지 검증해본다.

이런 방식으로 책을 읽고 실제 적용하여 분석하는 일련의 과정을 계속 반복하여 훈련해야 한다. 즉, 주식투자 책을 읽는다는 것은 단순히 소설 책을 읽는 것이 아니다. 책을 읽고 기술을 습득하기 위한 훈련이 반드시 병행되어야 한다. 그렇지 않으면 책을 통해 습득한 지식은 그냥 내 머리를 스쳐 지나가고 만다.

여러 주식 책을 읽었지만 아직도 주식투자가 무엇인지를 알지 못한 채 여전히 감에 의존해서 주식투자를 한다면, 지금까지의 지식은 그냥 바람처럼 내 머리를 스쳐 지나간 것일 뿐이다.

그리고 주식투자에서는 분석에서 검증까지의 시간이 부동산과 같은 투자보다는 짧게 걸리므로, 조바심 내지 말고 느긋하게 공부해야 한다. 여기서 주의해야 할 점은 주식 책에서 언급하는 종목에 대하여 책을 다 읽고 나서 찾아봐야 한다는 것이다. 독서 중간중간에 종목을 검색하다 보면 책의 진도가 안 나간다. 그러니 일단 책을 어느 정도 읽은 후 종목을 찾아보기 바란다.

또한 '아는 것'과 '행동하는 것'을 혼동하면 안 된다. 좋은 주식투자서를 읽게 되면 투자에 자신감이 생긴다. 정말로 그들이 이야기하는 매매법만 제대로 따라가면 큰 수익이 날 것만 같다.

그러나 결과는 어떤가?

주식 책을 읽었다고 모두 투자에 성공하고, 자기계발서를 읽는다고

　주식의 바다에서 서핑하듯 투자하라

더 나은 사람이 되는 것은 아니다. 읽어서 알게 된 것은 단지 이론일 뿐이며, 중요한 것은 자신이 변화하는 것이다. 이를 위해 '독서 → 검색차트, 뉴스, 재무제표 → 분석 → 투자 예측실전 매매 → 검증수익률 확인'의 단계별로 훈련을 거치면서 몸으로 익혀야 한다.

이런 훈련을 하다보면 사고의 확장이 자연스럽게 이루어진다. 힘든 훈련이 우리의 몸을 단련하듯이 '주식투자에 대한 훈련'을 통해 투자 감각은 단련된다. 이전에 읽었던 책과 새로이 읽고 있는 책에서 다른 점을 찾아낼 수 있게 된다. 그리고 왜 투자와 분석 방법이 달라졌는지를 고민하고 탐구한다.

그렇게 사고를 확장시키면서 여러 가지 방법의 분석 기법을 단련하다보면, 어떠한 시장의 변화에도 대응하면서 수익을 낼 수 있게 될 것이다.

주식 공부를 독서로 시작하는 것이 필요한 또 다른 이유는 매매법을 배우기 위해서다. 주식투자에서 다양한 매매법을 아는 것은 매우 중요하다. 일 예로 지난 2008년 금융위기가 찾아왔을 때도 수익을 계속 유지했던 슈퍼개미 남석관 씨를 보자.

그는 슈퍼개미이지만 가끔은 월별수익률이 마이너스가 될 때가 있다고 한다. 이때 갑자기 월별수익률이 하락하게 되면 현재 적용 중인 자신의 매매법이 변화하는 시장을 따라가지 못하는 것이라고 판단한다. 그래서 현재 사용하고 있는 매매법을 바꾸고, 주식시장에 적용해보면서 수익을 끌어올린다.

그는 이런 방식을 통해 시장의 변화에 따라 다양한 매매법을 적용하면서 어떠한 시장에서도 꾸준히 수익을 낼 수 있는 것이다.

이와 같은 슈퍼개미의 재능과 능력은 일반투자자 입장에서는 굉장히 부러울 따름이다. 하지만 낙담하고 있을 수만은 없다. 지금도 시장은 계속 흘러가고 있고, 주식시장은 매일 개장하고 있기 때문이다. 조금이라도 주식투자에 대한 기술을 연마하기 위해 읽고 또 훈련해야 한다.

책을 읽으면서 또 하나 중요한 것은 자기 나름대로의 해석이다. 이것은 책에서 설명하고 있는 매매법을 '자기화'하는 과정이다. 주식투자 방법은 투자자마다 모두 다를 수밖에 없다. 성격, 인내심, 투자 자금, 투자 시간 등이 모두 다르기 때문이다.

그래서 자신만의 매매법을 만들어야 하는데, 그 첫 번째 단계가 바로 책을 통해 습득한 기술을 자신만의 시각으로 재해석하는 것이다. 지금 이 책에서 필자가 설명하고 있는 여러 가지 내용들 역시, 이미 나와 있었던 이론들을 필자의 시각으로 해석하여 이야기하고 있는 것이다.

주식 책에서 설명하는 이론을 자기 나름대로 해석하는 것이 필자의 입장과 혹여 달라지지는 않을까 걱정하지 않아도 된다. 중요한 것은 실제 자신이 이해한 방법대로 투자한 다음 수익이 나는 것이다. 만일 수익이 나지 않는다면 그제야 틀린 방법이었음을 인정하고 다시 책을 읽어보던지, 아니면 아예 다른 책을 골라서 읽으면 된다.

우리가 주식투자서를 읽는 최종 목표는 '자신만의 매매법'을 만드는 것에 있음을 반드시 기억하자.

끝으로 주식 책은 절대 한두 권으로 끝내서는 안 된다. 주식투자와 관련한 책들을 가급적 많이 읽어보기 바란다. 독서에도 임계량이 존재한다. 물이 섭씨 100도가 되어야 끓는 것처럼, 투자에 대한 지식도 일정 수준 이상이 되어야 비로소 수익을 낼 수 있다. 투자에 대한 임계치는 사람마다 달라질 수 있다. 하지만 분명히 많은 양의 책이 필요하다는 것은 공통점일 것이다.

많은 책을 읽어봐야 하는 또 다른 이유는 저자마다 전하고자 하는 각기 다른 필살기가 숨어 있기 때문이다. 주식의 기초 이론을 설명하는 책은 내용이 거의 비슷하다. 그러나 필자의 책을 비롯하여 매매법을 다루고 있는 책의 경우에는 저마다, 저자들이 특별히 알려주는 이야기가 있다는 사실을 알게 될 것이다. 그런데 이런 핵심 내용은 책 분량의 5% 내외에 불과하다.

따라서 책 한 권을 읽으면서 행간에 숨겨진 5%의 필살기들을 모두 찾아내고 자기 것으로 만들 수 있어야 한다. 이를 위해 주식투자 분야의 다독을 추천한다.

지피지기는
투자에서도 중요하다

《손자병법》에는 '지피지기 백전불태'라는 말이 있다. 적을 알고 나를 알면 백 번 싸워도 위태롭지 않는다는 뜻으로, 나에 대한 정보뿐만 아니라 적에 대한 정보도 수집해야 함을 이야기한다.

이것을 주식투자에 적용시켜보면 나와 주식을 모두 알아야 한다는 뜻으로 이해할 수 있다. 그러나 많은 투자자들은 오로지 주식에만 집중할 뿐, 자신을 제대로 이해하는 것에는 소홀하다. 따라서 백 번 투자해도 위태롭지 않을 수 있기 위해서는 주식뿐만 아니라 자신에 대해서도 공부할 필요가 있다.

여러분은 위험을 감수하고서라도 고수익을 추구하는 투자자인가? 다소간의 수익을 포기할지라도 과도한 손실에 대해서는 어느 정도 방어하는 투자자인가? 아니면 투자 원금에 대한 손실은 거의 없는 상태에서 최소한의 수익을 원하는 투자자인가?

이러한 성향에 따라 투자 대상종목과 더불어 주식, 채권, 배당주 등의 비율이 달라질 것이다.

그리고 개인적인 기질이나 성격의 영향도 중요하다. 자기 성격이 급한지, 아닌지 생각해보자. 이때 간과하지 말아야 하는 점은 평소의 성격과 주식투자에서의 성향이 조금 다를 수 있다는 것이다.

이는 개인마다 투자 운용금액의 차이, 투자 기간의 차이, 투자 목적의 차이 등 저마다 처한 상황에 따라 주식투자를 대하는 심리에 영향을 받기 때문이다. 아마 대부분의 개인투자자들은 평소 성격이 느긋하다고 할지라도 주식투자에 있어서는 조금 급한 마음으로 할 수도 있다.

혹시 조그만 등락에도 마음 졸이며 일이 손에 잡히지 않는가?

급한 성격이다. 주가의 작은 변화에도 심리적 변화가 크다면 그에 맞는 종목과 투자법을 찾아야 한다. 매매법과 성격이 어긋나게 되면 결국 손실이 날 수밖에 없기 때문이다. 성격이 급한 편이라면 애초에 종목 분석을 철저하게 해야 한다. 그리고 그렇게 분석한 종목이라면 오를 때까지 기다릴 수 있어야 한다.

그러나 하루하루 오르고 떨어지는 계좌를 보면서 안절부절못한다면 조금 빨리 수익을 챙기는 매매법이 필요하다. 물론 긴 기간 동안 한 번에 큰 수익은 어렵겠지만, 작은 수익이라도 꾸준히 낼 수 있다면 누적 수익률은 비슷해질 수 있을 것이다.

종목을 매일 보면서, 하루하루 체크하는 것이 조금 번거롭고 귀찮은가?

느긋한 투자자다. 이런 투자자라면 시작부터 장기투자를 마음먹어야 한다. 그리고 장기투자에 맞는 종목을 선정해야 한다. 그렇지 않으면 장기적으로 더 큰 손실이 발생할지도 모르기 때문이다. 이런 성격의 투자자들은 현재 자신의 주식계좌에 오랫동안 손실인 상태로 보유하고 있는 종목이 있을 것이다. 오르면 팔려고 했는데, 너무 많이 하락한 나머지 다시 오를 때까지 기다리면서 이런 생각을 하고 있을지 모른다.

'나는 장기투자자야. 오랜 기간 보유하면 언젠가는 분명 회복할 수 있어.'

물론 종목에 따라서는 긴 시간 횡보 후 다시 전고점을 만회하는 경우도 있다. 그러나 어떤 종목의 경우에는 두 번 다시 전고점을 보지 못하는 경우도 있으니 종목 분석이 필요하다. 그리고 엄밀히 말하면 이런 경우는 (자발적) 장기투자자가 아니다. 그냥 단순히 '물려 버려' 오래 보유할 수밖에 없는 '비자발적 장기투자자'인 것이다.

'자발적 장기투자자'는 시간을 통해 큰 수익을 거두지만, '비자발적 장기투자자'는 시간을 통해 겨우 본전을 회복하는 것이 큰 차이다.

자신의 투자 성향을 알아 가기 위해서는 투자 전 소액으로 조금씩 연습하며 찾는 과정이 필요하다. 어떤 매매법이 자신에게 수익과 마음의 안정을 가져다주는지 말이다. 이를 위해 과거 주식에서 손실이 났을 때를 떠올려보자.

큰돈이었는가? 그 손실로 인해 일상생활이 불가능할 정도였는가?

주식의 바다에서 서핑하듯 투자하라

아니면 오랜 기간일지라도 참고 기다릴 수 있었는가?

이런 생각들을 정리해보면 자신의 투자 성향을 알 수 있을 것이다.

그러나 여전히 아무래도 자신의 투자 성향을 모르겠다는 사람도 있을 것이다. 이것은 '어떤 투자 방법이 더 좋은가?'에 너무 집중해서 일지도 모른다. 그럴 땐 '어떤 투자 상황이 더 싫은가?'와 같이 반대로 생각해볼 수도 있다.

매일매일 시세를 확인하며 주가가 조금만 하락하더라도 손이 벌벌 떨리는가? 아니면 매일 주식계좌를 확인하는 것이 일상생활과 업무를 방해한다고 생각하는가?

더 싫은 상황을 피하는 방향으로 투자 방향을 정할 수도 있다.

주식 공부의 최종목표는 자신에게 맞는 자신만의 매매법을 만드는 것이다. 그냥 단순히 여러 가지 매매법을 중구난방으로 공부하기보다는 자신의 투자 성향을 먼저 알고 그에 맞는 투자 기술을 공부하는 편이 수고를 덜 수 있다. 물론 상승할 종목을 찾고, 주가가 오르면 매도하여 수익을 거두는 방법을 공부한다는 것은 똑같다.

그러나 상승하는 모습도 종목마다 다르고, 매수 타이밍과 매도 타이밍이 달라질 수 있기 때문에 투자 성향을 생각해야 한다는 것이다. 이를 위해 'Chapter 4'에서는 투자자 성향에 따른 매도 방법을 설명하고 있으니, 자신의 성향을 파악한 후 참고하기 바란다.

장기투자와 단기투자, 정답은?

주식투자를 처음 시작하는 개인이라면 장기투자와 단기투자에 대해 먼저 생각해볼 필요가 있다. 개념에 대한 정의는 사람마다 다르겠지만 필자의 경우 장기투자는 1년 이상 주식을 보유하는 것이고, 단기투자는 1년 이내에 주식을 처분하는 것이라고 구분하고 있다.

그러면 장기투자와 단기투자, 과연 어느 것이 정답일까?

가치투자를 이야기하는 사람들은 장기투자가 정답이라고 생각할 것이다. 주가가 기업의 가치보다 낮을 때 매수했다가 언젠가는 제 가치를 찾을 것이라고 생각하는 가치투자자로서는 기간을 확정 짓기가 어렵기 때문이다.

그래서 벤저민 그레이엄에서 워런 버핏까지 가치투자의 거장들은 대부분 장기투자를 긍정적으로 보고 있다. 특히 벤저민 그레이엄은

주식의 바다에서 서핑하듯 투자하라

《현명한 투자자》를 통해 개인투자자는 정액 적립식 장기투자가 좋으며, 팔 때는 오직 현금이 필요할 때뿐이라고 말한다. 그 이유는 개인투자자가 투자전문가만큼 정교한 매매가 어렵고 시장을 예측할 수 없기 때문이다.

많은 이들은 벤저민 그레이엄의 가르침에 공감한다. 그러나 어떤 이들은 실제 그가 사례로 들었던 주식들이 미국의 1900년대 초·중반의 종목들이고, 국내 상황과는 많이 다르기 때문에 우리나라 투자에는 잘 맞지 않을 것이라는 사람이 있을지도 모른다.

〈그림 1-9〉는 우리나라 역대 코스피 지수 차트고, 〈그림 1-10〉은 삼성전자의 역대 차트다. 정말 긴 시간을 두고 투자한다면 장기투자가 정답일 수밖에 없다는 것을 한눈에 보게 된다.

그림 1-9 | 1985년 이후 코스피 지수 차트

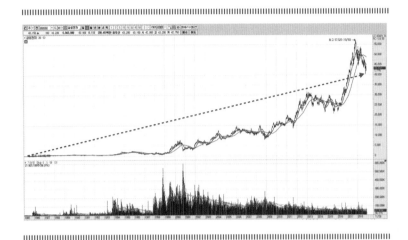

그림 1-10 | 1985년 이후 삼성전자 차트

    때로는 5년에서 10년 정도 횡보할 수도 있고, 그중에서 2~3년은 하락할지도 모른다. 그러나 결국 장기적으로는 꾸준히 상승할 수밖에 없다. 우리나라의 저력을 믿으며 결국엔 꾸준히 성장할 것이라 기대하고 있다.

    그렇다고 하여 아무 종목에나 묻어두고 평생 투자할 수는 없다. 종목에 따라서는 상장 이후 계속 하락하거나 심지어는 상장폐지되는 경우도 있기 때문이다. 이런 최악의 상황을 피하기 위해 주식투자를 공부하는 것이다.

    장기투자는 수익 성공률도 높으며 자녀들에게까지 소개해줄만한 방법이다. 자녀들이 사회 초년생으로 급여를 받기 시작하면서 주식투자를 병행한다면, 먼 훗날 큰 수익의 가능성이 높은 투자법이다. 이를 통해 좋은 회사의 주식을 오랜 시간 적립하여 은퇴를 조금 앞당길 수 있을 것이다.

그러나 주식투자의 열매를 따먹기까지 30년씩 걸린다는 것은 대부분의 개인투자자들에게 견딜 수 없는 일이다. 기다림이 얼마나 힘든 것인지는 연금저축 해지율을 봐도 알 수 있다.

우리나라 연금저축의 10년 이내 해지율은 50% 정도에 달하며, 만기까지 유지하는 경우는 더욱 줄어든다. 보통 연금저축은 7년에서 10년 이상 불입해야 겨우 원금을 받을 수 있다. 여기에 조금만 더 기다리면 불입한 원금뿐만 아니라 이자까지 더하여 연금을 받을 수 있는 저축이다.

그러나 그냥 해지하는 경우가 많다. 연금저축을 해지하는 것이 나쁘다는 게 아니라, 투자자의 기다림이 얼마나 고통스러우며 기다리기 힘든지를 이야기하는 것이다.

그림 1-11 │ 현대차 차트, 2002년 투자를 시작하여 16년간 투자한 결과

장기투자가 힘든 또 다른 이유는 나쁜 종목을 나쁜 시기에 투자할 수 있다는 것이다.

〈그림 1-11〉을 보자. 만일 여러분이 2002년 월드컵 시즌부터 주식투자를 시작하여 2018년까지 현대차 주식을 적립했다고 생각해보자.

하필 2002년의 고점인 5만 원에 투자를 시작한 투자자라면, 2018년 11월 기준으로 10만 원이 된 주가를 보고 있을 것이다. 30년을 목표로 투자를 시작했다고 가정할 때 이제 절반의 시점이 지난 것이다.

투자 성과는 어떨까?

매월 똑같은 금액을 적립했다고 가정하면 대략적인 평균 매수 가격은 12만 원 정도가 될 것이고, 현재 주가가 10만 원이기 때문에 손실 구간이 되어 있을 것이다. 16년간 적립한 주식계좌가 상승은커녕 손실 구간이라면 여러분은 어떻게 할 것인가? 인생의 투자에서 실패했다고 생각하고 크게 좌절하고 있지는 않을까?

이런 암담한 사태를 막기 위한 수단으로 분산투자를 통해 위험을 줄이기도 하고, 시장을 예측할 수 없으니 긴 시간 동안 정액 적립식투자를 하기도 한다.

그런데 여기에서 모순이 발생한다. 주식투자에서 "미래는 누구도 모른다."라고 말하면서 장기투자를 권유하는 것이다. 미래는 알 수 없다면서 더 먼 미래를 목표로 삼고 투자하라니?

치트 분석기들은 상승하는 치트만 예시로 드는 것과 마찬가지로, 장기투자자들 역시 장기간 상승하는 주식만을 예로 들고 있는 것이 문제다.

주식의 바다에서 서핑하듯 투자하라

그러면 멀리 있는 미래는 불확실하니 단기투자는 괜찮을까?

최근 들어서는 주식투자뿐만 아니라 부동산에서도 단기투자가 인기를 끌고 있다. 불확실한 미래, 급변하는 시장에 능동적으로 대처하기 위해, 일부 투자자를 중심으로 적은 수익이라도 일단 챙기고 보자는 생각이 커졌기 때문이다.

그러나 단기투자 역시 문제점이 많다. 그중 하나가 거래비용의 증가다. 주식투자에서 빈번한 매매는 엄청난 거래비용을 초래하여 손실의 원인이 되기도 한다. 물론 거래비용보다 더 큰 수익을 거두면 괜찮지만, 이마저도 상승장이 아니고서는 의미가 없다.

주식의 상승장이 이어질 경우 상승종목들을 재빠르게 옮겨 다니며 수익을 거두면 된다. 하지만 하락장에서는 제아무리 상승종목을 노리며 옮겨 다닌들 거래비용만 눈덩이처럼 커질 뿐이다.

장기투자나 단기투자, 누가 옳은가?

투자에 정답은 없다. 그래서 투자자는 언제나 혼란스럽다. 주식을 이야기하는 사람들은 저마다 자신의 투자법이 옳다고 주장하기 때문이다. 이제는 더 이상 혼란 속에서 자포자기 상태의 투자로 손실을 보지 말자. 그보다는 스스로 하나하나 따져본 다음, 직접 할 수 있고 견뎌낼 수 있는 투자법을 선택하여 시작해보길 바란다.

그래서 중요한 것은 '현재'이고 '대응'이다. 주식투자를 공부하고 끊임없이 시장을 분석하며 대응해야 한다. 굳이 투자전문가들을 이기려고 하지 않아도 된다. 주가의 바닥에서 매수하여 최고점에서 매도할 수도 없고, 할 필요도 없다. 투자 방법이야 어떻게 되든 조금의 수익이라도 꾸준히 내는 것이 중요하다.

주식투자는 어렵지만 관점을 바꿔 긴 흐름에서 보면, 반드시 주식시장에 좋은 바람이 불어오는 때를 찾을 수 있다. 이것이 바로 투자하기 좋은 시즌이다. 좋은 시즌이 시작되고 높은 파도가 일기 시작하면 바다의 모든 배들이 일제히 올라갈 것이다.

이 책에서 전하고 싶은 바가 바로 이것이고, 이 시점을 노려보자는 것이다. 평생 우직하게 주식을 보유하며 살 수도 있지만, 몇 년간의 투자를 통해 상승장의 열매를 크게 얻을 수도 있다. 투자전문가들처럼 일 년 내내 주식을 붙들고 그들과 싸우기보다는 좋은 시즌이 시작될 때를 기다려 몇 번의 투자로도 충분한 수익을 거둘 수 있을 것이다.

파도를 멈추게 할 수 없지만, 서핑은 배울 수 있다

　여러분은 언제 주식투자를 처음 접하게 되었는가?

　많은 투자자들이 주식시장의 상승기에 주식을 처음 접하는 경우가 많다. 신문과 뉴스에서는 삼성전자 주가가 역대 최고가를 경신했다는 이야기가 흘러나오고, 우리나라도 선진 주식시장으로 한걸음 더 나아간 것이라고 칭송한다. 여러 채널에서는 주식투자로 큰돈을 벌었다는 사람들이 나오기 시작하고, 주식투자와 관련한 사기사건도 등장하기도 한다.

　그런데 이런 상황은 조금 위험할 수 있다. 언론에서까지 주식시장의 대세 상승을 이야기하는 시기는 상승의 막바지 시점일 확률이 높기 때문이다. 주가 상승의 마지막 고점 부근이 되면 신규 초보투자자들이 증가한다. 상승기의 막바지이지만 아직까지는 상승기이기에 초보투자자들도 어느 정도 수익을 거둘 수 있고, 자신의 투자 재능에 감탄하기도 한다.

노름판에서는 새로 들어온 '호구'를 크게 털어먹기 위해 여러 번 작은 승리의 기쁨을 안겨주며 서서히 중독시킨다. 이런 경우가 하도 많다보니 오죽하면 '초심자의 행운'이라는 말까지 있을까. 주식시장에서는 우연히 접하게 된 대세 상승기를 통해 자연히 투자 수익의 즐거움에 중독된다. 그러면서 자신을 투자의 천재로 착각하며 점점 더 많은 투자금을 쏟아 붓는다.

그러나 주식시장이 언제까지나 상승만을 이어갈 수는 없다. 상승이 있으면 하락이 있다. 그런데 하필 대세 하락의 시기는 초보투자자들이 투자금을 크게 늘리는 시기와 절묘하게 맞아 떨어진다.

대세 상승기 막바지쯤 세상이 칭송하는 주식투자의 세계에 발을 들였고, 투자 수익이라는 단물의 맛을 알아갈 때쯤 엄청난 시련을 겪게 되는 것이다. 이 시기가 되면 매수하는 모든 종목이 하락한다. 관심종목으로 살펴볼 때에는 매일 오르던 종목도 꼭 내가 매수하면 신기하게도 그 다음날부터 하락한다. 견디다 못해 손절하면 또 다음날부터 가장 크게 반등하는 종목을 보면서 울분을 토한다.

이런 경험을 하면서 많은 투자자들이 주식시장을 떠난다. 다시는 주식투자를 안 하겠노라고 다짐하면서 말이다. 그리고 일부는 혹시 자신의 투자 방법이 잘못된 것은 아닌가 생각하며, 주식투자에 대한 책을 읽기 시작한다. 이미 큰 투자의 상처를 안고서 말이다.

손실의 바다에서 허우적대며 책을 읽어보지만 수익이 쉽지만은 않

주식의 바다에서 서핑하듯 투자하라

다. 이것은 투자자의 노력이 부족해서라기보다는 아직 주식시장의 상승기가 찾아오지 않았기 때문이다. 주식시장의 하락기에는 아무리 노련한 투자자일지라도 수익이 쉽지 않다.

파도를 멈추게 할 수는 없지만, 서핑은 배울 수 있다. 경기 흐름과 주식시장의 순환을 멈추게 할 수는 없지만, 그 가운데 상승의 시기를 읽고 투자하여 수익을 내는 방법은 배울 수 있는 것이다.

다음번 대세 상승기가 시작되는 시점을 정확히 말할 수 있는 사람은 없다. 그러나 우리나라가 망하지 않는 한 분명히 다음번 대세 상승기는 찾아올 것이다. 그렇기 때문에 이 책에서 이야기하는 대세 상승의 시점을 판단하는 여러 가지 기준들을 토대로, 항상 시장을 분석할 수 있는 능력을 키워둬야 한다. 손실의 바다에 빠지지 않고 큰 파도에 올라 가장 높이 오를 수 있도록 말이다.

우리가 서핑하듯 투자해야 하는 또 한 가지 이유가 있다. 바로 행복이다. 여러분은 왜 주식투자를 하는가? 그리고 왜 우리는 투자 수익을 거두기 힘든 것일까?

주식과 행복을 이해하기 위하여 바로 이 '왜'에 대해 생각해보자.

세상의 모든 문제는 '왜?'로부터 시작된다. 《나는 왜 이 일을 하는가?》의 저자 사이먼 사이넥은 TED 강연에서 성공하는 사람들의 골든서클에 대해 설명한다.

골든서클은 세 개의 동심원인데 중심에는 '왜Why'가 있고, 그다음에 '어떻게How'가 있으며, 가장 바깥의 원에는 '무엇을What'이 있다. 성공하는 사람은 골든서클의 중심에 있는 '왜'에서 시작하지만, 일반인들은 골든서클의 바깥에 있는 '무엇을'에 집중한다.

골든서클의 맨 바깥에 있는 '무엇을'에 대해서는 모든 사람이 알고 있다. 골든서클의 중심에 더 가까운 '어떻게'에 대한 정보는 일부 사람들이 알고 있다. 그런데 가장 중요한 골든서클 중심의 '왜'를 알고 있는 사람은 매우 드물다.

주식투자에서 성공하기 위해 골든서클의 중심에 있는 '왜'에 대해 생각해보자. "왜 주식투자를 하는가?"라고 물으면 이런 대답을 할지도 모른다. "수익을 거두기 위해서."라고 말이다. 하지만 이는 대답이 될 수는 없다. 그것은 결과물일 뿐이기 때문이다. '왜'에 대한 대답은 "목적이 무엇인가?"에 대한 해답이다. 그래서 '주식투자의 궁극적인 목적'을 생각해보면 '삶의 행복'이 될 것이다.

보통의 사람들은 이런 생각을 할 것이다.

〈무엇을 What〉
돈을 많이 벌고 싶다.

〈어떻게 How〉
그래서 주식투자를 공부한다.

그러나 성공하는 사람들의 생각 방식은 다음과 같다.

주식의 바다에서 서핑하듯 투자하라

〈왜 Why〉

나는 행복하게 살고 싶다. 그래서 더 풍요로운 삶을 위해 노력하고 있으며, 반드시 행복한 삶을 살 수 있다고 믿는다.

〈어떻게 How〉

행복한 삶을 위해 필요한 여러 가지가 있지만, 적은 노력으로 돈을 버는 방법이 반드시 필요하다. 우리의 시간과 노력을 더 가치 있는 일로 보내기 위해서다.

〈무엇을 What〉

이를 위해 우리는 투자 방법을 배우고, 그중에서도 주식에 대해 공부한다.

왜 이런 생각 방식이 필요한 것일까?

삶을 살아가면서 무엇이 더 중요한 것인지 잊지 말아야 하기 때문이다. 그러나 삶의 궁극적인 목표가 행복임에도 불구하고 많은 사람들은 주식투자를 하는 동안 불행의 길로 접어드는 경우가 많다. 투자 손실로 괴로워하거나 수익을 내기 위해, 일 년 열두 달 주식투자에 푹 파묻혀 매매를 지속하는 경우 등이 이에 해당한다. 주식투자하면서 더 괴로워진다면 차라리 안 하느니만 못하다.

결국 행복한 삶을 위해 더 적은 노력으로 돈을 버는 투자 방법을 생각하다보면, 자연스럽게 저자가 이 책에서 '왜 이러한 투자 방법'을 이야기하는지 이해할 수 있을 것이다.

주식시장의 대세 상승기를 찾고, 그 시기에만 투자할 수 있다면 손실은 최소화하면서 수익을 극대화시킬 수 있기 때문이다. 그리고 몇 년에 한 번씩 찾아오는 대세 상승기에만 투자하다 보니 노력의 낭비도 줄일 수 있으며, 남는 시간은 우리의 행복을 위해 온전히 사용할 수도 있다.

이것이 바로 서핑하듯 투자해야 하는 또 다른 이유다. 많은 사람들이 주식투자를 하는 동안 파도에 휩쓸려 실패와 행복의 붕괴를 경험한다. 더 행복해지려고 주식투자를 시작했지만, 큰돈이 묶여 버려서 '제발 원금만'이라는 생각으로 하루하루를 고통 속에 살아갈지도 모른다. 이 모든 것이 시장의 흐름이라는 파도를 거스르려다 물에 빠져 버린 경우다.

우리는 파도를 거스를 수 없다. 밀려왔다가 다시 빠져나가는 파도를 멈추게 할 힘이 없다. 그러나 서핑은 배울 수 있다. 흐름을 살펴보면서 어떻게 해야 가장 높이, 그리고 가장 행복하게 될 수 있는지 배울 수 있는 것이다.

물론 이 작은 책 한 권이 완벽한 해결책과 행복을 선사해줄 수 없을지도 모른다. 그러나 이것 하나는 확실하다.

"이 책은 여러분이 주식투자하면서 겪게 될지도 모를 최악의 상황을 막아줄 것이다."

이것은 매우 중요하다. 물에 빠져 허우적대며 생명의 위협을 느끼는 상황만 피할 수 있다면, 그다음부터는 행복의 크기만 달라질 뿐 조금씩 앞으로 전진할 수 있기 때문이다. 물에 빠지지 않고 흐름을 탈 수 있게 되는 것이야말로 행복을 향한 첫 걸음이 될 것이다.

주식투자로 평생 놀고먹을 수 있을 정도의 큰돈을 원하는가?

이것은 이미 갖췄진 '주식투자 실력'과 '좋은 때'가 만나야만 가능한 일이다. 아직 투자에 대한 개념을 계속 공부하는 입장이라면 평생 동안 투자를 계속해야 할 것이다.

그래서 투자를 단거리 달리기가 아니라, 장거리 마라톤으로 생각하는 것이 좋다. 멀리 보고 차근차근 준비하다보면 인생에서 찾아온다는 큰 기회를 잡을지도 모르기 때문이다.

따라서 장거리투자를 하는 동안 지치지 않고, 불행에 빠지지도 않으며, 투자 인생 동안 행복을 온전히 누리고 살기 위해서는 어떤 투자법이 필요한지, 이 책을 통해 생각해볼 수 있는 계기가 되었으면 한다.

· chapter 2 ·

서핑하듯 투자하기
'좋은 시즌을 찾아서!'

+ 20

+ 40

+ 5

좋은 시즌 분석의
어려움

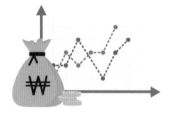

"지금 살까요? 팔까요?"

주식투자를 하다보면 이런 질문을 자주 듣게 된다. 필자라고 모든 종목의 방향을 정확히 알 수 있을까?

분명 모든 지표가 오를 것 같지만 다음날부터 하락하는 종목들이 있다. 그동안 계속 하락하던 손실종목을 팔아야 할 것 같아 매도했지만, 다음날 바로 반등하는 종목들도 있다. 우리는 이런 불확실성 속에서 그나마 가능성 있는 확률을 선택할 수밖에 없다. 그리고 가능성 있는 수익의 확률을 더 높여주기 위한 방법으로, 이 책에서는 '투자하기 좋은 시즌'에만 투자하라고 강조하는 것이다.

해변을 가득 메우고 있는 수만 마리의 새떼를 보며, 누군가 이런 이야기를 했다.

주식의 바다에서 서핑하듯 투자하라

"눈감고 돌 몇 개만 던져도 한 마리는 맞겠다."

적중할 확률이 높은 상황이라면 대충해도 성공이다. 그러나 해변에 새가 얼마 없다면 노련한 포수가 올지라도 성공 확률은 극히 낮아질 것이다. 소도 뒷걸음질치다 쥐를 잡을 수 있는 확률이 높은 시기, 좋은 시즌을 찾기 위해서는 어떻게 해야 할까?

개인투자자들이 전반적인 증시 상황을 이해하고 좋은 시즌을 찾기 란 쉽지 않다. 그러나 주식시장 전망은 전문가들도 어렵긴 마찬가지 다. 2017년은 증시가 좋은 시기였음에도 불구하고 비관적 전망을 내 놓은 전문가들도 많았다. 기업별 실적뿐만 아니라 우리나라 산업 전반 의 경기, 금리, 수출, 환율, 유가, 국제관계, 대북관계 등 신경 써야 할 부분이 너무나 많기 때문이다.

실제 투자에 좋은 시기였음은 시간이 지나고 나서야 이해하는 경우 가 대부분이다.

따라서 개인투자자가 이런 모든 것을 하나하나 이해하여 투자에 적 용하는 것은 힘들 것이다. 그럼에도 주식시장의 순환에 대해서는 한 번쯤 살펴볼 필요가 있다. 비록 경기 전망은 못할지언정, 어떤 국면이 있는지 정도는 알고 투자해야 하기 때문이다.

주식시장의 순환을 금리와 경기를 중심으로 분석해보면 〈금융장세 → 실적장세 → 역금융장세 → 역실적장세〉로 구분한다.

먼저 금융장세는 경기가 침체 국면에 빠져 비관적인 경기 전망이 지 배적일 때, 실물경기와는 상관없이 금리 하락을 바탕으로 증시가 상승 하는 장세다. 이것은 경기 침체기가 끝나는 시점에 나타난다.

경기 침체 말기가 되면 정부는 경기 부양을 위해 재정지출을 늘리고 금융 완화 정책을 통해 금리를 내리게 된다. 그 결과 정부는 돈을 풀게 되는데, 이 돈은 기업으로도 흘러가지만 주식시장에도 함께 흘러가게 되면서 증시가 상승하게 된다.

실적장세는 경기가 본격적으로 회복하면서 실적이 좋은 기업들의 주식을 중심으로 주가가 상승하기 시작하고, 이것이 산업 전반으로 확산되는 장세다. 이 시기에 주도업종이 나타나게 되며, 이 업종의 대표 종목들에 투자하면 된다.

경기 침체 말기 금융장세로 시중에 풀린 돈은 주식시장으로 들어오게 되는데, 이때 돈을 잘 버는 기업의 주식에 먼저 투자될 것이다. 이 시기가 되면 주식시장의 호황이 지속되면서 많은 투자자들이 손실보다는 수익을 보게 된다. 이 시기에는 금리상승률도 억제되며 물가도

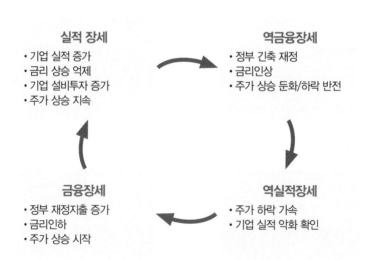

그림 2-1 | 주식시장의 경기 순환 흐름

주식의 바다에서 서핑하듯 투자하라

안정된다.

역금융장세는 실적장세 이후에 찾아온다. 실적장세를 통해 시중에 돈이 너무 많이 풀리게 되면 인플레이션이나 국제수지 불균형으로 자칫 위험해질 수 있다. 그래서 어느 정도 호황이 지속된 이후, 정부는 금융 긴축에 나서게 된다.

그리고 실적장세를 통해 주식시장이 최고의 활황기를 거치게 되면, 외국인투자자들은 어느 정도 고점에서 주식을 정리하면서 수익을 챙긴다. 그럼에도 개인투자자들은 여전히 주식시장의 활황기를 확신하면서 지속적으로 주식을 매수한다. 왜냐하면 개인투자자들이 알고 있는 기업의 실적은 전년도 또는 전 분기에 발표된 실적이기 때문이다. 그래서 활황이 지속되고 있는 것으로 착각할 수 있다.

그러나 역금융장세가 시작되면 주가가 서서히 하락하기 시작한다. 이때가 주의해야 할 시점이다. 주식이 계속 오를 것으로 생각한 개인투자자는 역금융장세를 맞이하여, 하락하기 시작한 주식을 오히려 싸졌다고 생각하며 계속 매수하기 때문이다.

좋은 시즌은 모든 주식이 상승하는 실적장세다. 만일 역금융장세로 접어들게 되면 서서히 주식을 정리하고, 다음번 투자의 시기를 기다릴 필요가 있다.

역실적장세는 역금융장세 이후, 기업들의 실적 악화가 본격적으로 확인되는 시점이다. 이 시점이 되면 장기투자하는 개인투자자들도 미래의 실적 하락을 두려워하며 주식을 팔기 시작한다. 기관도 팔고 외국인도 팔고 개인투자자까지 팔기 때문에, 주가의 하락은 더 가파르게 진행된다.

이 시기의 기업들은 설비투자를 자제하고 구조조정이나 기업 매각을 통해 내실을 다지기 시작한다. 그러나 역실적장세 역시 영원히 지속되는 것은 아니다. 경기 침체 국면이 지속되면 정부는 다시 경제를 살리기 위해 재정지출을 늘리고 금리를 내리는 금융장세가 다시 돌아오기 때문이다.

주식시장의 순환장세는 이론만으로는 쉬워 보인다. 그러나 현재가 무슨 장세인지 판단하기는 어렵다. 왜냐하면 시장이 투자자들을 속이고 있으며, 경제 관련 보고서나 뉴스를 내는 사람들의 잘못된 분석으로 인해 혼란 속에 있기 때문이다. 그리고 시장의 현상이 〈그림 2-1〉처럼 단순하게 흘러가는 것은 아니다.

기관과 외국인은 역금융장세가 오게 되면 주식을 매도해야 한다. 이 물량을 누군가 받아 줘야 하는데 기관과 외국인은 서로 팔고 싶어 한다. 결국 대부분의 물량은 개인투자자들에게 넘어갈 수밖에 없는 상황이다.

뻔히 역금융장세가 시작했음에도 불구하고 기관의 보고서는 〈여전히 견고한 실적, 내년 실적도 기대〉와 같은 제목의 보고서를 계속 내기도 한다. 만일 정말 상황을 모르고 이런 보고서를 냈다면 애널리스트의 실력이 문제인 것이고, 장세의 상황을 알고도 이런 보고서를 냈다면 애널리스트 자질의 문제다.

반대로 기관과 외국인은 금융장세가 시작되면 실적장세를 대비하며 좋은 종목을 매집하기 시작한다. 하지만 여전히 뉴스나 증권사 리포트에서는 〈내년도 실적 부진 우려, 조금은 신중해야 할 때〉와 같은 제목으로 개인투자자의 물량을 넘겨받는다. 어쨌거나 개인투자자는 제한된 정보 속에서 홀로 고군분투할 수밖에 없는 쓸쓸한 상황이다.

그리고 경제 흐름이 이론대로 물 흐르듯이 흘러가는 것은 아니다. 경제가 성장과 둔화를 반복하면서 자연히 금리도 함께 움직이겠지만, 금리 문제는 생각만큼 단순하지 않다.

2018년 말을 기준으로 국내 경기는 둔화되는 상황이었다. 당연히 금리를 더 낮추고 시중에 돈을 풀어 부양해야 하는 시점이다. 하지만 2018년 11월 30일 한국은행 총재는 기준금리를 1.75%로 인상했다. 미국과 너무 큰 금리차가 발생하면 외국인 투자 자본이 빠져나가는 것이 우려스럽고, 가계부채가 너무 빠르게 증가하기 때문에 내린 조치다.

실제 상황은 어렵고 복잡한 셈법이 교차하고 있기 때문에 경기 순환을 정확하게 이해하기는 힘들다. 그저 현상을 직시하여 대응하는 수밖에 없을 것이다.

앙드레 코스톨라니는 그의 책 《투자는 심리게임이다》에서 이렇게 말했다.

"오늘날 미국이 침체기에 있는지 아닌지에 대해서 그들은 절대로 확정적인 말을 못 할 거야. 그들 중 한 사람은 통화량을 늘리자고 하고, 다른 사람은 줄이자고 해. 한 사람은 조세 인상에 찬성하고, 다른 사람은 재정 적자를 지지하고 있지. 한 사람은 국제수지 적자에 커다란 위험을 느끼는가 하면, 다른 사람은 이에 대해 휘파람을 불고 있지."

40여 년 전에 한 이야기지만, 현재 우리들에게 하고 있는 이야기인 것 같다. 경제 상황을 정확히 분석하는 것은 대단히 힘들다. 뉴스를 봐도 하루는 내년도 경기가 나아질 거라는 이야기를 하는가 하면, 또 그다음날은 실업률 증가와 기업의 설비투자 감소와 수출 감소 같은 암울한 이야기를 한다. 경제 전문가, 정부, 은행, 투자자들이 보는 상황이 모두 다르다.

주식시장의 순환을 이야기한 리처드 번스타인의 《순환장세의 주도주를 잡아라》도 살펴보자.

이 책에서는 경기의 순환을 〈저점 국면 → 확장 국면 → 정점 국면 → 수축 국면〉으로 구분한다. 여기에서 책을 옮긴 홍춘욱 팀장은 "경기가 회복되며 기업 이익이 개선되는 확장 국면에는 경기에 민감한 기업들경기 민감주과 시장에서 싸게 거래되는 기업가치주에 투자하는 것이 좋다."라고 했다. 그러나 개인투자자로서 이 책의 이야기를 투자에 활용하기에 난감한 점이 있다.

우선 경기가 회복되면서 기업 이익이 개선되는 확장 국면이 언제인지 알기 어렵다는 것이다. 아무도 시원하게 "지금부터는 경기 확장 국면입니다."라고 말해주지 않는다. 정부 발표를 비롯하여 뉴스를 보면 각기 다른 분석과 전망을 낼 때도 있어 투자자들을 혼란시킨다.

분명히 주가가 하락하고 있음에도 정부나 증권사는 수출과 경제성장률이 증가할 것이라고 한다. 또는 주가가 상승하는 국면에 접어든 것 같은데도 아직 완전히 나아지지 않은 상황을 경계하라며 불안감을 고조시키기도 한다.

실적장세에 해당하는 확장 국면만 제대로 파악해도 주식투자는 한

주식의 바다에서 서핑하듯 투자하라

결 편해진다. 홍춘욱 팀장은 책《순환장세의 주도주를 잡아라》의 말미에 한국의 경기 순환주기에 적용된 투자 스타일을 제시했다.

확장, 정점, 수축, 저점의 네 단계 국면 중에서 오직 확장 국면에서만 주가상승률이 두드러졌으며, 특히 가치주와 경기 민감주가 각각 27.5%, 24.2%의 수익률로 가장 크기 때문에 이 두 가지 종목군에 투자한다면 큰 수익을 거둘 것이라고 추천했다.

하지만 경기의 확장 국면에서는 대부분의 주식들성장주, 대형주, 중소형주, 경기 민감주, 경기 방어주, 고배당주, 로우볼, 코스피200 등이 16% 이상의 수익률을 기록하고 있다. 수익률이 가장 낮은 경기 민감주마저도 경기 확장 국면에서는 9.4%의 수익률을 보일 정도다.

그래서 필자가 제안하는 바도 바로 이것이다.

"실적장세이자 확장 국면인 '좋은 시즌'을 찾아서 투자하라."

주식투자에 대해 조금만 공부하면 누구나 수익을 올릴 수 있는 시즌이다. 아무 펀드에 투자하기 시작해도 대부분 수익이 크게 나는 시기이며, 이것저것 생각하기 어렵다면 그냥 뉴스에 많이 나오는 대형주에만 투자해도 좋은 시기이기도 하다.

그러면 다른 국면은 어떻게 될까?

경기 국면별 스타일투자MKF500, KOSPI200, 가치주, 성장주, 대형주, 중소형주, 경기 민감주, 경기 방어주, 고배당주, 배당성장주, 로우볼 등의 투자 스타일을 구성하고, 이들 중 경기 국면별 강세를 보이는 종목군에 투자하는 것 전략의 평균수익률 비교는 〈그림 2-2〉를 참고하자.

〈그림 2-2〉에서 정점 국면은 경기가 최고조까지 상승 후 하락 반전

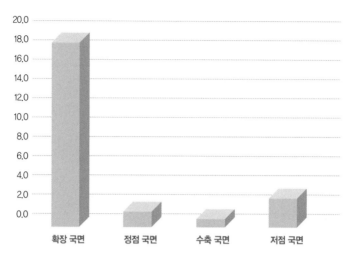

그림 2-2 | 경기 순환 국면별 스타일투자의 평균수익률

의 시점이며 평균수익률이 1.7%다. 그리고 경기 하락 시기인 수축 국면의 평균수익률은 0.9%로 가장 작으며, 경기가 바닥을 치고 상승하기 직전인 저점 국면의 평균수익률은 3.1%다.

확장 국면이 아니고서는 나머지 국면에서 수익률이 가장 높은 종목군을 아무리 잘 골라서 투자한다고 하더라도 좋은 성과를 거두긴 힘들다. 예를 들어 '확장 국면'에서 수익률이 가장 낮은 경기 방어주는 9.4%이지만, 경기 '정점 국면'의 최고 수익률인 배당성장주는 4.3%밖에 안 된다. 정점 국면, 수축 국면, 저점 국면에서 아무리 좋은 종목을 찾는다고 할지라도, 경기 확장 국면의 투자 수익률은 절대로 따라올 수 없다.

확장 국면을 제외한 세 개의 국면에서 쉬어야 한다고 생각하니 투자

주식의 바다에서 서핑하듯 투자하라

를 너무 쉬는 것이 아닌가 걱정할지도 모르겠다. 하지만 나머지 세 개의 국면은 정말 잘 투자해야 겨우 2~3% 수익을 낼 수 있을 뿐이며, 손실을 내지 않으면 성공이다.

개인투자자가 좋은 시즌에만 투자해야 하는 이유는 또 있다. 초보투자자일수록 종목 분류에 대한 개념이 불명확하기 때문이다. KOSPI200에 속해있는 종목은 검색해보면 금방 찾을 수 있을 것이다.

그러나 어떤 종목이 가치주인지, 대형주와 중소형주를 구분 짓는 경계는 무엇인지, 고배당주와 배당성장주의 차이는 무엇이고 어떤 종목이 여기에 해당하는지 모른다. 종목별로도 실적 변화에 따라 가치주에서 성장주, 중소형주에서 대형주로도 얼마든지 바뀔 수 있다. 그래서 개인들이 이런 모든 종목들을 하나하나 구분하며 투자하기엔 어려움이 많다.

앙드레 코스톨라니의 《돈, 뜨겁게 사랑하고 차갑게 다루어라》에서도 경기 순환에 대해 이야기했다. 그는 주식시장을 강세장과 약세장으로 나눴다. 그리고 각 장세를 조정 국면, 동행 국면, 과장 국면으로 나눠 경기 상승과 하강의 동그란 원코스톨라니의 달걀을 그렸다. 그래서 달걀 아랫부분인 강세장의 시작점에서 매수하고, 달걀 꼭대기 부근인 약세장의 시작점에서 매도하라고 조언한다.

여러분은 어떤 투자 방법을 선택하겠는가?

현재의 경기 국면을 파악하는 것도 힘든 상황에서 각 국면을 정확하게 판단하고 가치주나 성장주, 경기 민감주나 로우볼주식시장에서 월간 변동성이 가장 낮은 기업들 등에 해당하는 종목군으로 정확하게 포트폴리오를 구성할 것인가? 그렇게 일 년 내내 경기 순환을 분석하며 투자할 수 있겠는가? 아니면 강세장의 시작만을 어떻게든 알아내고, 이런 강세장에서만 투자할 것인가?

선택은 투자자마다 다를 것이다. 자신이 할 수 있는 투자 방법을 찾고 그대로 투자하면 되는 문제다. 하지만 대부분의 개인투자자들은 장세 분석이 어려울 것이라 생각한다.

그래서 이 책에서는 개인투자자가 조금 더 쉽게 강세장을 포착하는 방법에 대해 설명하고 있는 것이다.

주식의 바다에서 서핑하듯 투자하라

기술적 분석과
기본적 분석의 이해

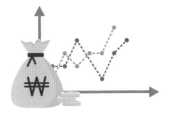

　강세장을 찾는 방법은 기술적 분석과 기본적 분석이 모두 쓰인다. 이중 기술적 분석은 차트를 분석해야 하는데, 이때 차트에 대해 오해하는 투자자들이 많다. 그래서 필자가 생각하는 기술적 분석과 기본적 분석을 먼저 설명하고자 한다.

　필자의 예전 책《급등주의 8할은 작전주 패턴으로 움직인다》와《네이버 증권으로 배우는 주식투자 실전 가이드북》에서 차트를 중요하게 설명했다. 개인투자자라면 기업의 실적뿐만 아니라 차트 분석까지 함께해야 하는 차원에서였다.

　그러나 '차트'를 중요하게 설명했다는 이유로 소위 '가치투자'를 지향하는 투자자들은 단순히 차트 기반의 투자서로만 취급한 것을 봤다. 이것은 차트에 대한 오해에서 비롯된 것이라 생각한다. 그래서 주식투자의 분석 방법을 이해하기 위해 기술적 분석, 기본적 분석과 현대의 투자 이론을 간단히 살펴보려고 한다.

기술적 분석

기술적 분석차트 분석은 1800년대 후반 제시 리버모어와 찰스 다우로부터 시작되었다. 기술적 분석에 대하여《금융시장의 기술적 분석》의 저자인 존 머피는 이렇게 말했다.

"기술적 분석이란 미래의 주가추세를 예측하기 위한 목적으로 차트를 통해 시장의 움직임을 연구하는 것이다."

여기에서 중요한 개념은 '미래, 주가추세, 예측, 차트, 시장의 움직임'이다. 이 단어들을 통해 투자하는 기술적 분석은 찰스 다우에 이르러 정교한 차트 분석이 완성되었으며, 특히 다음 네 가지 이론이 바탕이 되었다.

첫째, 현재 주가에는 모든 정보가 반영되어 있다. 모든 정보란 아직 드러나지 않은 정보의 가치뿐만 아니라 정치, 사회, 경제적 요소들과 미래 예상되는 모든 사건들의 영향까지도 반영되어 현재 주가가 된 것이다. 따라서 주가 기록을 분석하는 것만으로도 모든 정보의 결과를 이해하는 것과 같은 효과를 지닌다.

둘째, 주가는 추세를 이루면서 움직인다. 한 번 움직이기 시작한 주가는 방향성을 가지므로, 추세의 전환점을 파악하고 이를 통해 수익을

주식의 바다에서 서핑하듯 투자하라

거둘 수 있다.

셋째, 시장을 만드는 것은 사람들이고, 사람들의 심리는 결국 반복되므로 주식시장 역시 반복되는 움직임을 보이게 된다. 따라서 과거 차트의 움직임을 분석함으로써, 미래 주가의 추세를 예측할 수 있다.

넷째, 개별 주가의 움직임은 전체 지수의 영향을 받는다. 전체 지수에 대한 개념을 통해 현재도 사용되고 있는 '다우존스 지수'가 나오게 되었다. 시장 지수의 움직임을 보고, 개별종목의 움직임을 예측할 수 있기 때문에 지수는 대표성을 지닌다.

만일 기술적 분석이 엉망이거나 틀린 이론이라면 200년이 넘는 시간이 지나면서 자연히 사라졌을 것이다. 그러나 오늘날까지도 수많은 투자자가 나름의 검증을 통해 활용하고 있다는 것은 이미 앞선 세대 투자자들을 통해 검증된 투자 방법의 하나라고 생각한다.

기본적 분석

기본적 분석은 1900년대 초반에 등장하게 되었다. 기본적 분석가들이 생각하는 기술적 분석은 단순히 과거 주가의 기록을 통해 미래의 주가를 예측하는 것이므로 맞지 않는다는 것이다. 지나간 차트의 추세를 보면서 향후 주가를 예측하는 것은 백미러를 보면서 운전하는 것과 같다는 주장이다.

벤저민 그레이엄과 워런 버핏이 기본적 분석을 통한 투자자로 유명하다. 이들은 '시장은 항상 옳다'라는 기존의 이론에서 벗어났다. 그래서 '미스터 마켓'시장의 오류로 인해 저평가된 주식에 투자하여 수익을 거둘 수 있다고 생각한다.

미스터 마켓은 감정적이고 비이성적이다. 그래서 미스터 마켓이 비관적인 기분에 있을 때낮은 가격일 때 매수한다면, 결국 주가는 기업의 가치에 수렴할 것이기 때문에 수익을 거둘 수 있다는 이론이다.

기본적 분석은 다음의 다섯 가지를 생각할 수 있다.

첫째, 가치에 투자한다. 그래서 기본적 분석을 통한 투자는 현재 주가가 기업의 가치보다 싸졌을 경우 매수하여 수익을 거둔다. 주가는 시장의 불완전성으로 인해 가끔은 기업 가치보다도 하락하기도 하지만, 결국 가치에 수렴할 것이라고 믿기 때문이다.

둘째, 가치에 투자하다보니 시장이 비관적일 때 주로 매수하게 된다. 주가가 계속 상승하는 시점, 모두가 시장에 열광하는 시점보다는 미스터 마켓이 우울한 상태를 노려야 더 큰 차익이 가능하기 때문이다.

셋째, 장기투자를 한다. 벤저민 그레이엄과 워런 버핏은 시장의 방향성을 예측할 수 없기 때문에, 저평가일 때 매수하여 주가가 기업 가치에 수렴할 때까지 계속 보유하는 투자 전략을 취한다. 그래서 인내심이야 말로 투자의 성공 자질이라고 했다.

넷째, 뛰어난 투자자가 되기 위한 자질은 없으며, 간단한 원칙만 잘 지키면 수익을 낼 수 있다. 여러 가지 복잡한 분석과 기술보다는 기업의 가치를 제대로 분석하고, 주가와 비교하여 장기간 보유하면 되기 때문이다.

주식의 바다에서 서핑하듯 투자하라

다섯째, 워런 버핏은 가장 중요한 원칙을 손해보지 않는 것이라고 했고, 벤저민 그레이엄 역시 보수적인 투자를 강조했다. 이들은 적극적으로 시장을 분석하고 대응하는 영리한 투자자가 되기보다는 우직하고 보수적인 투자자가 되기를 강조한다.

현대 투자 이론

그러면 현대 투자 이론은 어떨까?

지금까지 살펴본 기술적 분석과 기본적 분석은 100여 년 이상이 지난 투자 이론들이다. 그러나 투자자들은 100여 년 전의 생각에 고착되어 있지 않고, 지금도 꾸준히 새로운 투자 이론들을 만들고 있다. 그래서 기본적 분석, 기술적 분석과 별개로 최근 발표되고 있는 유력한 투자 방법을 모아서 '현대 투자 이론'이라고 한다.

그중에서 1990년 해리 마코위츠의 '분산투자 이론', 2013년 유진 파마의 '효율적 시장가설'이 주목받고 있다.

해리 마코위츠는 1952년 경제 학술지에 포트폴리오 이론Theory of Portfolio Selection이라는 논문을 발표했다. 이것은 수익을 극대화하면서 위험은 최소화하는 포트폴리오를 선택하는 과정, 즉 분산투자의 중요성에 대한 이야기다. 하나의 종목에 투자하는 것보다는 두 개의 종목에 투자하는 것이 위험을 더 줄이고, 종목이 여러 개로 분산될수록 위험은 점점 더 작아짐을 수식으로 증명했다.

한편 효율적 시장가설에 따르면 현재의 주가는 이미 공개된 모든 정보를 반영하고 있으며, 주가는 단기적으로 예측이 불가능하다고 주장한다. 주가를 예측할 수 없으니 차트 분석을 통해 수익을 거두기도 힘들고, 현재 주가에는 모든 정보가 반영되어 있는 효율적 시장이므로 주가와 기업 가치의 차익에서 발생하는 수익도 불가능하다는 것이다.

그러나 주식시장은 장기적으로 상승하고 있으므로 분산투자 이론에서 설명한대로 분산투자를 통해 개별종목이 아니라, 시장에 투자한다면 수익이 가능하다는 이론이다.

역사적으로는 기술적 분석이 가장 먼저 발생했고, 이후 기본적 분석과 현대 투자 이론이 등장했다. 그런데 기본적 분석 투자 방법이 생겼다고 하여 차트 분석이 사라진 것은 아니며, 현대 투자 이론이 노벨상까지 받았다고 하여 벤저민 그레이엄과 워런 버핏이 무시되지도 않았다.

여러 투자 이론들은 각자의 분야에서 믿음이 다른 투자자들에 의해 발전하고 활용되고 있는 것이다. 따라서 자신이 믿고 있는 투자 방법과 다른 투자 방법이라고 하여 무시하거나 부정할 필요는 없다.

결국 추세는 차트로 분석한다

이 책에서는 차트 분석을 중심으로 기업의 재무 분석과 시장의 흐름을 함께 살펴본다. 추세를 확인할 수 있는 것은 결국 차트기 때문이다.

주식의 바다에서 서핑하듯 투자하라

차트에서 나타나는 추세는 물리학의 관성과도 같다.

관성이란 '물체가 외부로부터 힘을 받지 않을 때 처음의 운동 상태를 계속 유지하려는 성질'이다. 멈춰 있는 물체라면 누군가 건들지 않는 한 계속 제자리에 있을 것이다. 그리고 운동하고 있는 물체는 외부의 힘이 가해지지 않는 한 계속 운동하려는 성질이 있다. 이때 물체에는 마찰력을 비롯한 여러 가지 저항이 있으므로 관성은 깨지게 된다.

주가의 추세를 살펴보면 횡보하던 주가의 경우 호재나 투자자들의 관심이 시작되지 않는 한, 계속 횡보 또는 하락할 것이다. 아무리 저평가되었다고 할지라도 시장의 관심이 없다면 절대 주가는 오르지 못한다.

물리학에서 외부의 힘이 없다면 움직이지 못하는 물체와 같다. 투자자의 관심이나 호재는 외부에서 가해지는 힘이다. 그리고 상승을 시작한 주식은 주가 상승을 저해하는 요소가 발생하지 않는 한, 최초 상승 요인의 규모만큼은 상승을 지속할 것이다.

필자가 차트를 통해 확인하고자 하는 것은 '현재' 주식이 '상승하고 있느냐'다. 이것을 무시하게 된다면 어떻게 될까?

굳이 하락하고 있는 주식에 투자하게 된다. 그러면서도 "난 기업의 가치를 믿으니까 하락하면 할수록 더 많이 매수할 것이다."라는 각오로 계속 돈을 넣는다. 그렇게 모든 투자금을 다 쏟아 부은 다음부터는 5년이고 10년이고 기다린다. 오를 때까지.

물론 워런 버핏처럼 매년 현금을 만들 수 있는 사람이라면 주가가 가치보다 낮아질수록 계속해서 매집할 수 있을 것이다. 하지만 투자금이 한정된 개인투자자는 엄청난 고통을 견디면서 없는 돈을 쪼개어 매집할 수밖에 없다.

그리고 코스톨라니도 투자시장이 약세장을 끝내고 강세장이 시작되는 초기에 투자하는 것이 좋다고 했다. 미스터 마켓의 우울함이 충분히 진행된 다음 매수해야 하고, 기업의 가치가 주가보다 충분히 낮아진 이후 매수해야 한다. 하지만 대부분의 초보투자자들은 단지 어제보다 주가가 하락했다는 이유로, '적당히' 낮아진 주가에 매수한다.

물론 언젠가는 오를 것이다. 애초에 좋은 기업을 분석하고 투자했으니 말이다. 고장 난 시계도 하루에 두 번은 맞는다. 경기란 순환하는 것이고, 코스톨라니의 달걀에서 경기 순환의 원을 한 바퀴 돌다보면 언젠가는 매수가보다 조금은 오른 가격에 팔 수 있는 기회가 생길 수밖에 없다.

대부분의 개인투자자들이 손실만 보는 상황에서 이렇게라도 수익을 볼 수 있다면 성공이다. 그러나 우리나라 연금보험 해지율에서도 알 수 있듯이, 확실히 보장된 수익일지라도 수년간의 기다림은 참기 힘들다.

그리고 생각해보자. 만일 수년간 고통의 시간을 보내지 않고, 앙드레 코스톨라니가 말했듯이 '강세장'이 시작하는 타이밍에 투자를 시작했다면 어떻게 되었을까? 주가의 저점에서 더 많은 돈을 통해 더 큰 수익을 거둘 수 있지 않았을까?

이 책은 주식투자에서 성공하기 위해 효율적인 방법을 찾는 책이다. 그렇기에 차트를 포함하여 모든 요소를 다 분석할 것을 강조한다. 차

주식의 바다에서 서핑하듯 투자하라

트의 중요성을 이야기하면 기술적 분석투자자들의 어깨가 으쓱할지도 모른다.

그러나 차트투자하는 투자자들 중에서 차트에 대한 오해가 있는 경우가 있다. 특히 차트를 처음 공부한 사람들일수록 이러한 경향이 심한 편인데, 차트를 조금 알고 나면 마치 점쟁이가 된 것처럼 주가를 예측하기 시작한다는 것이다.

그러나 필자는 차트란 절대로 멀리에 있는 미래 주가를 예측하기 위한 도구가 아니라고 생각한다. 차트 분석의 기본 이론은 '추세'에서 시작한다. 그래서 추세의 변곡점 이후 일정 기간 유지될 추세를 통해 투자 시기를 가늠하는 것이다.

하지만 엘리어트 파동, 피보나치 되돌림, 일목균형표 같은 이론을 공부한 사람들일수록 추세의 변곡점까지도 예측하려고 한다. 엘리어트 파동 이론에 대한 책 중 로버트 프렉터가 쓴 《엘리어트 파동 이론, 시장의 움직임을 예측하는 단 하나의 열쇠》에서는 '10년 뒤의 시장 예측'이라는 내용이 있다. 이것은 엘리어트 파동 이론을 통해 1987년 미국의 주식 폭락을 예언한 것인데 실제로 예언이 맞기도 했다.

하지만 이것을 보고 도전한 수많은 초보투자자들은 '선무당'이 되어 투자에 실패한 사례가 많다. 초보투자자가 주가추세의 변곡점까지 차트를 통해 '예언'하려는 것은 위험한 행동이다.

제시 리버모어는 기술적 분석에 대해 이렇게 말했다.

"어떠한 경우에도 100%는 없으며, 특히 주식시장에서 예언이란 부질없다는 것을 이해해야 한다. 이런 몇 번의 예측 성공에 도취되어 오로지 차트에만 의존하는 투자를 하게 된다면 언젠가는 크게 실패할지 도 모른다."

그러니 만일 누군가가 여러분에게 주가를 예측하여 알려줄 테니 돈 을 달라고 하면 100% 의심해보기 바란다. 주가를 정확히 예측할 수 있 는 분석 방법이 있다면, 누가 그냥 인터넷 블로그나 유튜브를 통해 그 렇게 쉽게 알려주려고 할까?

결론은 차트를 무시할 것은 아니지만, 그렇다고 절대로 맹신해서도 안 된다는 것이다. 단 하나의 완벽한 투자의 툴은 없다. 단지 여러 가 지 분석 도구를 효과적으로 사용하여, 투자의 성공 확률을 높일 수 있 을 뿐이다.

이런 이해를 바탕으로 기술적 분석과 기본적 분석을 통해, 좋은 시 즌 찾는 법을 살펴보도록 하자.

주식의 바다에서 서핑하듯 투자하라

좋은 시즌을 찾는
'기술적 분석' 방법

지금 창 밖에 불어오는 바람의 정확한 원인을 알 수 있는가?

바람이 부는 원인에는 여러 가지가 있을 수 있다. 계절별로 불어오는 편서풍의 영향이거나, 혹은 갑작스레 내리쬐는 햇빛으로 산과 평지의 온도차로 발생했을지도 모른다. 그것도 아니면 어느 먼 곳에서 나비가 날갯짓을 하며 '나비 효과'를 만들어냈을지도 모르겠다.

여러분은 지금 창 밖에 부는 바람이 정확하게 무슨 '원인'으로 불어오는지 알고 있는가?

창 밖에서는 바람이 세게 불 수도 있고, 전혀 바람이 없을지도 모른다. 하지만 원인은 모를지라도 바람이 얼마나 불고 있는지 느낄 수는 있다. 원인을 분석하고 바람을 예측하는 것은 어렵기도 하거니와 중요하지도 않다. 다만 지금 바람이 불고 있다는 것이 중요할 뿐이다.

주식시장도 마찬가지다. 지금 주식시장이 왜 상승하는지, 하락하는지 정확한 원인을 알기 어려울 때가 많다. 하지만 큰 흐름 속에서 지금 주식시장의 방향과 추세는 분명히 알 수 있다. 주식시장의 움직임에 대한 최종 결과는 모두 차트에 기록되기 때문이다.

혹자는 여러 가지 경기 관련 지수, 산업 전반에 대한 수치, 데이터를 토대로 현재의 경기 상황을 분석하기도 한다. 주식시장은 GDP 성장률, 물가상승률, 금리 변화, 환율 변화, 국제수지 등을 포함한 여러 가지 요인에 의해 영향을 받는다.

그런데 일반 개인투자자가 이 모든 상관관계를 이해하고 각 요소의 영향을 정확하게 계산하여, 향후 주식시장의 방향을 예측하기란 너무 어렵다. 설사 분석했다고 해도 틀리기 십상이다. 증권사 애널리스트들을 비롯한 전문가들도 증시 전망에 대해 저마다 다른 이야기를 쏟아내고 있는 것이 현실이다.

중요하게 생각해야 하는 것은 미래 전망이 아니라, 현재의 모습이다. 경기야 좋든 나쁘든, 금리나 환율이 어떻게 변하든 상관없이 주식시장의 분위기만 읽을 수 있으면 충분하다. 그 가운데 주식시장의 대세 상승기, 좋은 시즌만 찾으면 되는 것이다.

차트는 투자자들의 심리와 기대, 지금까지의 실적과 실적 전망에 대한 모든 요소가 어우러져 표현된 결과다. 주식시장 전반에 대한 여러 가지 이해관계의 최종 결과는 차트에 표현될 것이나. 그래서 주식시장의 큰 흐름을 이해하기 위해서는 차트, 그중에서도 지수 차트를 먼저 살펴보는 것이 좋다.

코스피 지수는 증권거래소에 상장된 모든 종목들의 주식 가격을 종합적으로 표현한 수치며, 우리나라 산업의 가치를 볼 수 있는 지표로 생각할 수 있다. KOSPI200 지수는 주식시장을 대표할 수 있는 대표성, 그리고 충분한 유동성을 가진 기업 중에서 상위 200개의 종목을 뽑은 것이다. 코스닥 지수는 코스닥시장 본부가 운영하는 중소, 벤처기업의 주식 가격을 종합적으로 표현한 수치다.

만약 코스피 지수가 올랐다면 증권거래소에 상장된 많은 종목들이 상승하는 분위기였을 것이라 생각할 수 있다.

한때는 지수 상승에 대해 삼성전자를 비롯한 몇 개의 대형주들이 주도하는 장세일 뿐, 개별종목들은 하락한다고 하여 비판하는 사람들도 있었다. 그러나 대형주마저도 하락하는 분위기라면, 절대로 중소형 개별주들이 전체적으로 상승할 수 없을 것이다.

그리고 상승장에서 지수를 선도하는 종목에 투자해야 한다. 몇 개의 대형주가 장세를 주도한다면 그것을 매수하면 된다. 좋은 실적을 내는 저평가 주식일지라도 주가가 힘을 못 쓰는 상황이라면 투자 대상으로서는 별로다.

그럼에도 오르지 않는 엉뚱한 종목에 투자해놓고 내 종목은 안 오른다고 하여 비판할 문제는 아니다. 좋은 기업이 반드시 좋은 주식은 아니기 때문이다.

지금부터는 지수 차트를 통한 좋은 시즌을 찾는 방법에 대해 설명하려고 한다. "주식시장의 대세 상승기를 왜 차트로 찾느냐?"라고 아직도 묻는다면 '앞서서도 설명했듯이'라는 서두로 다시 설명을 시작해야 하니 생략하겠다. 개인투자자로서 원인을 알기 위해 어차피 맞지도 않는 분석에 시간을 소비하느니, 일단 차트를 통해 분위기부터 파악해보자는 것이다.

큰 그림 분석을 위한 지수 차트

지수 차트를 분석하기 위해서는 HTS를 활용해야 한다. 네이버나 한국거래소의 시장 정보에서는 정교한 지수 차트를 제공하지 않아서 제대로 된 분석이 힘들다. 따라서 그동안 HTS를 활용하지 않았던 투자자일지라도 앞으로 제대로 된 주식투자를 해보고 싶다면 반드시 HTS를 사용해보기 바란다.

참고로 증권사 HTS는 무료이며, 계좌가 없어도 회원가입만 하면 얼마든지 활용할 수 있다. 개인적으로는 키움증권에서 제공하는 HTS가 빠르고 직관적으로 사용하기 편하다.

지수 차트를 확인하는 방법은 증권사마다 HTS의 구성이나 배치가 조금씩 다르다. 그러나 대부분 비슷한 형식으로 제공되고 있으니, 쉽게 찾을 수 있을 것이다.

먼저 〈그림 2-3〉에서 종합 차트를 보자. HTS를 켜면 처음에는 개별종목에 대한 차트가 나올 것이다. 이때 좌측 상단 빨간 박스를 보면 개별종목 차트일 경우 '주식'으로 되어 있다. 지수 차트를 확인하기 위해서는 '주식'을 '업종'으로 변경해야 한다. 그러면 지수 차트가 활성화

주식의 바다에서 서핑하듯 투자하라

그림 2-3 | 코스피 지수 차트는 HTS를 활용하여 분석한다.

된다.

그다음 우측 빨간 박스에서 돋보기 모양을 클릭해보면 업종 차트에서 확인이 가능한 차트의 종류들이 나열된다. 이때 코스피에서 종합KOSPI을 클릭하면 코스피 종합 지수 차트로 바뀐다.

좋은 시즌 분석을 위한 주봉 차트

하루 동안의 주가 변동을 하나의 봉캔들으로 표시한 것이 '일봉'이고, 이런 일봉들이 모여서 일봉 차트를 만든다. 보통은 일봉 차트를 가장 기본적인 차트로 생각하고 분석에 주로 활용한다. 일주일5일 동안의

그림 2-4 | 코스피 지수의 일봉 차트

주가 변동을 하나의 봉으로 기록한 것이 주봉이며, 주봉들로 그린 차
트가 주봉 차트다.

〈그림 2-4〉는 코스피 지수의 일봉 차트다. 일봉 차트는 더 세밀한
주가 변동이 표현되어 있어서 더 짧은 기간 동안의 분석까지 가능하
다. 그러나 너무 세밀한 일봉들의 나열로 인해 자칫 큰 그림을 놓치기
쉽다. 그래서 주가추세를 긴 흐름으로 판단하기 위해서는 주봉 차트를
활용하기도 한다.

주봉 차트인 〈그림 2-5〉를 보면 일봉 차트에서는 잘 보이지 않던 긴
기간 동안의 주가 흐름도 주봉 차트에서는 양봉과 음봉의 연속 출현을
통해 조금 더 이해하기 쉽다.

차트를 많이 봤던 투자자라면 일봉 차트의 흐름만으로도 긴 기간의
흐름을 이해하기 쉬울 것이다. 하지만 아직 차트가 낯선 투자자라면

주식의 바다에서 서핑하듯 투자하라

그림 2-5 | 코스피 지수의 주봉 차트

주봉 차트를 활용하는 것이 좋다. 주봉 차트를 활용한다면 일봉 차트
보다 매수와 매도 타이밍이 조금 늦을 수 있다. 하지만 무릎에서 사서
어깨에서 판다는 생각을 한다면 역시 주봉 차트가 좋을 것이다.

그리고 일봉 차트는 양봉과 음봉이 어지럽게 반복되면서 캔들의 분
석이 어렵지만, 주봉 차트는 상승추세에서 양봉들이 연속 출현하고 장
대양봉들이 등장하기 때문에 추세를 알기 쉽다. 그리고 반대로 하락
시기 역시 주봉 차트에서 연속된 장대음봉들의 출현을 통해 하락 반전
을 포착할 수 있다.

아직 차트가 낯선 개인투자자라면 지수 차트를 분석할 때 일봉 차트
뿐만 아니라, 주봉 차트를 통해 추세를 분석해보는 것을 추천한다. 그
러면 지금부터는 지수의 주봉 차트 분석 방법에 대해 살펴보자.

추세 분석을 위한 지지선과 저항선

주봉 차트에서 상승과 하락추세를 확인하는 방법은 여러 가지가 있으나, 먼저 추세선 분석을 살펴보자.

주가는 일정 기간 동안 같은 방향으로 움직이려는 경향이 있는데 이를 추세라고 한다. 그리고 이런 추세의 흐름을 조금 더 알기 쉽게 차트에 그려둔 것이 추세선이다. 추세는 추세선이 그려진 방향으로 계속 움직이려는 것처럼 보인다.

왜 주식의 가격이 일정 기간 같은 방향으로 움직이려는 추세가 생기는 것일까?

주가가 상승한다는 것은 호재가 있어서다. 향후 기업의 가치가 상승할 것이라고 생각하는 사람들이 많아지게 되면, 현재가보다 다소 높은 가격일지라도 매수하려고 한다. 그래서 주가 상승의 추세관성는 호재의 크기외부에서 가해지는 힘만큼 이어질 것이다.

기업의 가치가 더 크게 상승하는 호재라면, 주가의 상승추세도 계속 이어질 것이다. 하지만 기업의 가치에 별 영향이 없다면 상승할지라도 얼마 가지 않아 추세는 꺾이게 된다. 반대로 악재가 있다면 주가는 하락한다. 기업의 가치 하락이 크게 예상되는 악재일수록 하락추세 크기가 정해진다.

개인투자자들이 호재와 악재의 예상 규모를 분석하는 것은 어렵다. 그렇기 때문에 차트를 통해 대략 감을 잡고 매매할 수밖에 없다. 그리고 주가가 절대적으로 추세선만 따라 움직이는 것도 아니며, 언제든지

주식의 바다에서 서핑하듯 투자하라

방향을 전환할 수 있다는 것도 항상 염두하고 있어야 한다. 호재와 악재의 크기, 추세의 전환은 시장이 결정하는 것이기 때문이다.

: 지지선을 통한 주가 하락 전환 분석 :

추세선은 상승추세선과 하락추세선이 있다. 상승추세선이란 주가가 상승하는 동안 주가의 저점들을 연결한 선이며, 이것이 지지선이다. 지지선을 그리는 방법은 일정 구간의 최저점에서 시작하여 최저점들을 연결하면 된다. 주가는 상승하는 동안에는 작은 규모의 상승과 하락이 반복적으로 나타나면서 저점과 고점을 점점 높여간다.

상승추세에서는 주가가 살짝 하락하는 듯 보여도 지지선에서 다시 반등하여 계속 추세를 이어간다. 지지선은 주가의 저점을 연결하여 그리며, 이를 통해 상승하던 주가의 추세가 하락으로 전환되는 시점을 알 수 있다.

〈그림 2-6〉은 코스피 주봉 차트에서 상승추세를 이해하기 위해 지지선을 그린 것이다. 조금 복잡하고 번거로워 보이지만, 아래의 설명을 잘 따라가면서 지지선을 이해해보도록 하자.

〈그림 2-6〉에서 지지선을 1번에서 3번까지 세 개를 그렸다. 맨 아래에 있는 1번 지지선은 가장 긴 지지선이다. 1번 지지선은 a와 b의 저점을 연결하여 그리게 된 것이다. 지지선의 길이가 길어지면 길어질수록 강도의 세기가 더 커진다. 그래서 1번 지지선을 아래로 강하게 깨고 내려간 f지점은 더욱 강한 하락추세를 의미한다고 볼 수 있다.

2번 지지선은 b점과 c점을 연결한 것이며, b점과 c점 사이에 몇 차

그림 2-6 | 코스피 주봉 차트에서 상승추세를 이해하기 위한 지지선

례 저점들이 지지선 부근에서 지지받고 상승한 것을 볼 수 있다. 따라서 이런 모든 점들을 다 연결하여 만들어진 선으로도 볼 수 있다. 이렇게 여러 번 지지받은 지지선이라면 신뢰할 만하다.

주가는 c점에서 각도를 틀어 더욱 가파르게 상승하기 시작한다. 그래서 3번의 새로운 지지선이 나오게 되었다. 그러나 3번 지지선은 d점에 이르러서 장대음봉에 의해 깨지게 된다. 그래서 d점을 전후하여 매도 시기를 생각해볼 수 있을 것이다.

하지만 아직 2번 지지선은 살아있는 상태이므로, 투자자에 따라서는 d점에서 매도를 참고 더 보유할 수도 있다. e점 이전까지는 2번 지지선의 위에서 횡보하는 듯 보인다. 그러다가 2번 지지선마저 e점의 장대음봉에 의해 깨지고 하락을 이어간다. 이 정도 흐름이면 대부분의 투자자는 주식을 정리하기 시작한다.

주식의 바다에서 서핑하듯 투자하라

3번 지지선에 이어 2번 지지선까지 연속적으로 지지선을 깨고 하락한다는 것은 그동안 주가가 어느 정도 이하로 하락하지 않을 거라는 심리가 깨진 것이기 때문이다.

다른 기간의 지지선을 살펴보자. 〈그림 2-7〉은 2014~2016년의 코스닥 차트다. 특히 2015년에는 코스닥시장의 큰 상승과 더불어 폭락장도 있었다. 이런 시기를 코스닥 지수 차트를 통해 이해해보자.

먼저 a와 b점을 통해 1번 지지선이 생겼다. 그래서 b점 이후라면 1번 지지선이 지지해줄 것으로 기대할 수 있었다. 그런데 주가는 b점 이후 좋은 시즌을 만나게 된다. b점에서 시작한 주가는 계속 상승을 이어가면서 2번 지지선을 만든다. 2번 지지선은 대략 7개월간 많은 캔들에서 지지를 확인시켜주는 지지선이다.

그러면 상승은 언제까지 이어지게 될 것인가?

그림 2-7 | 코스닥 지수 주봉 차트에서 상승추세를 이해하기 위한 지지선

대략 c점 전후에서 수익을 거두는 시점으로 생각하면 될 것이다. c점이 깨짐으로써 상승추세가 전환될 것이라는 투자자들의 심리가 많이 생겼을 것이고, 그것이 c점에서의 장대음봉으로 표현된 것이다.

그리고 d점에서는 다시 b~d점을 통한 3번 지지선이 생기게 된다. 하지만 d점 이후로는 이렇다 할 좋은 시즌이 발생하지 않았기 때문에, 이후 지지선은 그저 참고용으로만 생각하면 될 것이다.

이렇듯 지지선은 주가의 상승 기간 동안 몇 차례 주가 하락을 지지하고 반등시켜주는 것처럼 보인다. 그러나 주가의 반등은 지지선이 지켜주는 것이 아님을 이해해야 한다. 지지선은 아무런 힘이 없다. 그저 많은 투자자들의 심리가 모여 있을 뿐이다.

차트를 보는 수많은 투자자들이 있고, 모두 똑같은 방법을 통해 지지선을 그린다. 그래서 많은 투자자들은 생각한다.

'이 정도 하락했으면 지지선에서 한 번쯤 지지받고 반등하겠지?'

이런 심리가 모이고 모이게 되면, 결국 지지선이 주가를 밀어 올려주는 것처럼 보인다. 하지만 지지선은 결국 깨지게 되어 있다. 〈그림 2-7〉에서 주가가 지지선에 근접했다가 반등할 것으로 기대하고 추가 매수를 했다면 지지선이 깨지는 시점에서 손해볼 수도 있었다.

그렇다고 지지선을 무시할 수만은 없다. 그림에서처럼 상당히 긴 기간 동안 주가들이 지지선에서 지지받고 있는 것 역시 확인할 수 있기 때문이다. 따라서 지지선이란 '현재의 추세가 지속되는 동안만 추세를 알려주는 선'으로만 생각하고, 지지선이 깨지는 순간을 매도 시점으로 접근하면 좋을 것이다.

주식의 바다에서 서핑하듯 투자하라

여기에서 '현재의 추세가 지속되는 동안'의 의미는 상당히 애매하고 알기 어려운 경우가 많다. 따라서 추세선뿐만 아니라, 여러 가지 다른 분석들과 상호 보완적으로 이해할 필요가 있다.

: 저항선을 통한 주가 상승 전환 분석 :

저항선하락추세선은 주가가 하락하는 동안 최고점에서 시작하여 고점끼리 연결한 선이다. 우리는 주식을 낮은 가격에서 매수하는 것이 좋다. 그래서 지지선까지 살짝 하락하다가 반등하는 시점을 노리기도 하지만, 큰 하락을 끝내고 상승추세로 전환되는 시점을 노려 매수하기도 한다.

바로 이 시점이 그동안 상승에 저항하던 선을 깨고 상승 전환하는 시기다. 여기에서 주가의 상승을 저항하던 하락추세선을 저항선이라 한다. 〈그림 2-8〉은 코스피 지수 주봉 차트의 저항선을 나타낸 것이다.

고점인 a점에서 시작하는 저항선은 1번, 2번, 3번의 저항선이 그려진다. 그리고 1번 저항선은 b지점에서 저항선을 깨고 상승 돌파했다. 만일 b지점에서 주식을 매수했다면 주봉 차트를 볼 때 이후 4주간 주식이 상승했을 것이다.

주가는 c점을 고점으로 다시 하락하기 시작한다. 그래서 다시 고점인 c점을 시작으로 저항선을 그려보면 (2)번 저항선이 그려진다. (2)번 저항선은 2번 저항선의 갈래에서 파생된 더 짧은 기간의 저항선이기도 하다.

(2)번 저항선을 상향 돌파하는 d지점에서 매수했다면 3주간의 상승

그림 2-8 | 코스피 지수 주봉 차트에서 저항선

이 있었다. 2번 저항선은 a점에서 시작하여 c점을 연결한 저항선이다. 이 저항선에서는 e점이 상향 돌파하는 시점이었으나, 그리 큰 수익은 거두지 못하는 시기다.

이후 주가는 횡보를 거듭하다가 f점에서 고점을 만들고 다시 (3)번 저항선을 만들었다. (3)번 저항선은 a점과 f점을 연결하는 3번 저항선에서 파생되어 나온 선이다. (3)번 저항선은 g점에서 상향 돌파를 하게 되었는데, 이 시점 이후로는 1년간 엄청난 상승을 누릴 수 있는 중요한 시기다.

설사 (3)번 저항선의 상향 돌파 시기인 g점을 놓쳤다고 하더라도 3번 저항선의 상향 돌파 시기인 h점에서 매수했더라도 1녀간의 상승을 누릴 수 있었을 것이다. 이런 방식으로 코스피 지수 주봉 차트에서 저항선을 그려보며 좋은 시즌을 찾을 수 있다.

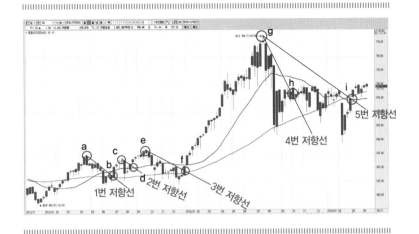

그림 2-9 | 코스닥 지수 주봉 차트에서 저항선

　여기서 다시 한 번 상기해보자. 추세선은 완전한 것이 아니다. 따라서 저항선을 돌파하는 시기에 매수했다고 하더라도 모두 상승하는 것이 아니며, 상승하더라도 그 폭이 클 수도 있고 작을 수도 있다. 〈그림 2-8〉의 2번 저항선, e점에서처럼 말이다. 하지만 대부분의 경우에는 좋은 시즌을 찾는 데 효과적이었다.

　코스닥의 경우도 살펴보자. 〈그림 2-9〉에서 1번 저항선은 고점 a에서 시작하여 b점에서 주가가 상승 돌파하는 시점이다. 2번 저항선은 고점 c에서 시작하여 d점에서 저항선을 깨고 상승 돌파한다. 3번 저항선은 고점 e에서 시작하여 f점에서 주가가 상승 돌파했다.

　코스닥 차트에서도 역시 1번, 2번 저항선처럼 주가가 상승 돌파하더라도 3~4주 정도 상승이 있을 수 있고, 가끔은 3번 저항선처럼 8개월 정도 상승을 지속하기도 한다.

이와 같이 코스닥 지수 주봉 차트에서도 지수의 흐름을 살펴보면서 대세 상승까지는 아니더라도 상승추세를 찾아 투자하게 된다면 나름 좋은 수익률을 거둘 수 있을 것이다.

다시 한 번 강조하지만 상승추세는 언제든지 꺾이기 마련이다. 따라서 저항선이 돌파된 후 주식을 매수했다고 하여 무조건 그 주식이 10배, 20배 오를 것을 기대해서도 안 된다. 앞서 살펴본 것처럼 상승추세선, 즉 지지선이 꺾일 때까지만 보유하고 미련 없이 매도하면 된다.

상승장을 알 수 있는 보조지표들

코스피 지수의 주봉 차트에서 보조지표를 통한 분석을 살펴보자. 주가의 큰 추세를 이해하고 적절한 매수 타이밍을 잡을 수 있는 보조지표인 스토캐스틱 슬로우, MACD, 이동평균선, 삼선전환도, ZigZag 차트에 대해 알아보자.

아직 차트 분석이 낯설거나 익숙하지 않은 투자자라면 간단히 읽고 넘어가도 좋다. 차트 분석의 세세한 디테일에 막혀서, 이 책을 중도에 포기해 버리면 안 되기 때문이다. 아직도 이 책의 뒷부분에는 기본적 분석을 비롯한 더 많은 이야기가 남아있다.

그리고 지금부터 설명하게 될 보조지표는 가장 기본적이고 간단한 내용들을 중심으로 이해하기 쉽게 설명했다. 물론 보조지표는 다양하다. 하지만 아래의 내용은 최소한 이 정도만이라도 알았으면 하는 대

주식의 바다에서 서핑하듯 투자하라

표적인 보조지표니, 여러분의 것으로 만들어보기 바란다. 주식 분석에 대한 정보를 하나라도 더 알면 알수록 그만큼 수익의 기회도 늘어나게 될 것이다.

: 스토캐스틱 슬로우(Stochastic slow) :

스토캐스틱은 일정 기간의 주가 움직임을 분석하여 향후 주가를 예측하는 기법에서 출발한다. 향후 주가를 예측한다고는 하지만 단기적인 추세에서 유효할 뿐, 스토캐스틱의 매수 신호 이후 주가 상승이 지속적으로 나오는 경우는 드물다.

따라서 스토캐스틱은 이동평균선이나 MACD 등 여러 가지 다른 지표들과 상호 보완적으로 활용해야 투자 성공률을 높일 수 있다. 그래도 단기적인 관점에서는 상당히 잘 맞는 보조지표다.

스토캐스틱은 패스트와 슬로우의 두 가지 지표가 있다. 이중 스토캐

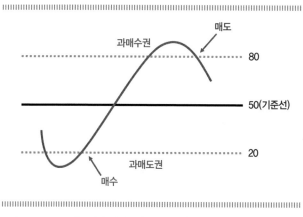

그림 2-10 | 스토캐스틱의 과매도권, 과매수권을 활용한 매매

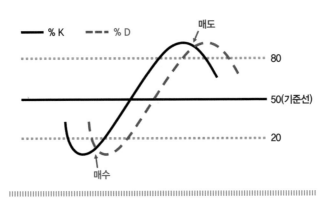

그림 2-11 | 스토캐스틱의 골든크로스, 데드크로스를 활용한 매매

스틱 패스트의 경우에는 너무 잦은 신호로 인해 유용한 정보를 찾기 힘들 때가 많다. 따라서 주로 스토캐스틱 슬로우를 사용한다.

스토캐스틱의 일반적인 활용 방법은 두 가지가 있다.

첫째는 과매도권, 과매수권을 사용하는 것이다. 〈그림 2-10〉과 같이 과매도권에서 20선을 상향 돌파하면 매수 타이밍으로, 과매수권에서 80을 하향 돌파하면 매도 타이밍으로 생각하고 매매한다.

둘째는 〈그림 2-11〉처럼 %K선과 %D선의 골든크로스, 데드크로스를 활용하는 방법이다. 스토캐스틱 차트를 보면 두 개의 선이 나오는데, 하나는 일정 기간 동안의 주가 범위에서 현재 주가를 백분율로 나타낸 %K선과 다른 하나는 %K선을 M일로 이동평균한 선이다. %K선과 %D선의 계산 원리는 그냥 넘어가도 된다.

골든크로스란 단기선이 장기선을 상향 돌파한 것을 말한다. %K선이 %D선을 상향 돌파하는 스토캐스틱 골든크로스 시점이라면 매수

주식의 바다에서 서핑하듯 투자하라

타이밍으로 생각할 수 있다. 반대로 데드크로스가 나타나면 매도 타이밍이 된다.

스토캐스틱을 활용하는 두 가지 방법 중에서 코스피 지수 주봉 차트에서는 스토캐스틱 슬로우에서 골든크로스를 매수 타이밍으로 활용하는 것을 추천한다. 그 이유는 주봉 차트의 움직임을 볼 때 과매도권에 들어가는 경우가 드물고, 매매 타이밍으로서도 그리 잘 맞지 않기 때문이다.

이때 골든크로스를 매수 타이밍으로 활용하는 것은 %K선과 %D선의 기간 설정이 중요하다.

〈그림 2-12〉는 %K의 기간을 5일, %D의 기간을 3일로 그린 스토캐스틱 슬로우 5, 3, 3이다. 그림에서 %K선이 %D선을 상향 돌파하는 시점인 골든크로스를 보면 상당히 많은 구간에서 발생한다. 정보가 너

그림 2-12 | 코스피 지수 주봉 차트에서 스토캐스틱 슬로우 5, 3, 3을 표시

무 부족해도 문제지만 너무 많아도 문제다.

개별종목의 경우에는 스토캐스틱 슬로우 5, 3, 3이 유효할 때가 많다. 그러나 코스피 지수 주봉 차트에서 이렇게 빈번한 매수 타이밍이 발생한다면 정보를 제대로 활용하기가 힘들고 오히려 소음이 될 수 있다. 심지어는 하락장에서도 골든크로스가 발생하거나, 데드크로스 이후 주가가 계속 상승하는 경우도 있다. 그래서 스토캐스틱 슬로우 10, 6, 6을 살펴봤다.

〈그림 2-13〉은 코스피 지수 주봉 차트에서 스토캐스틱 슬로우 10, 6, 6의 골든크로스 매수 타이밍을 빨간색 화살표로 표시한 결과다. 상당히 많은 경우 적절한 매수 타이밍이 표시되었다는 것을 알 수 있다. 표시된 골든크로스 시점 이후에는 일정 기간 상승장이 발생했다.

그러나 매도 타이밍을 잡기 위해 스토캐스틱 슬로우의 데드크로스를

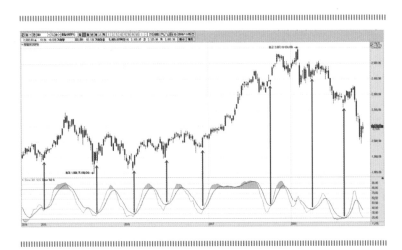

그림 2-13 | 코스피 지수 주봉 차트에서 스토캐스틱 슬로우 10, 6, 6 골든크로스

주식의 바다에서 서핑하듯 투자하라

활용하는 것은 조금 신중해야 한다. 대세 상승장임에도 너무 일찍 매도 신호를 주거나, 매도 타이밍을 조금 늦게 주는 경우도 있기 때문이다.

따라서 코스피 지수 주봉 차트에서는 매수 타이밍을 찾는 용도로만 활용하는 것이 좋다. 이를 위해 스토캐스틱 슬로우 10, 6, 6의 기간을 확인하고, 골든크로스 시점을 찾아보자.

: MACD(Moving Average Convergence & Divergence) :

MACD는 주가 흐름의 추세를 이해하는 데 큰 도움을 주는 보조지표다. MACD 보조지표를 활용하는 방법은 일반적으로 두 가지가 있다.

첫째는 〈그림 2-14〉와 같이 MACD선과 시그널선의 골든크로스에서 매수하고 데드크로스에서 매도하는 것이다. 이 방법은 스토캐스틱의 골든크로스 매수 방법과 동일하다.

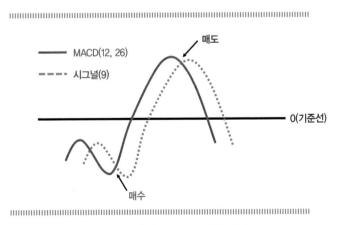

그림 2-14 | MACD 골든크로스와 데드크로스를 활용한 매매

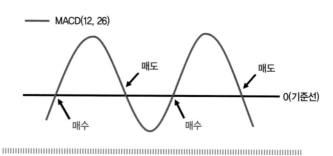

그림 2-15 | MACD의 기준선을 활용한 매매

　둘째는 〈그림 2-15〉와 같이 MACD선이 기준선'0'선을 상향 돌파하면 매수하고 하향 돌파하면 매도하는 것이다. MACD의 데이터는 중앙을 영0으로 하여 상하로 값을 가지게 된다. 이때 중앙의 영선을 기준선이라고 하며, 이 선을 돌파하는 타이밍에 매매할 수 있다.

　그러면 지수 차트에서 좋은 시즌을 살펴보기 위해서는 MACD를 어떻게 활용해야 할까?

　〈그림 2-16〉은 코스피 지수 주봉 차트에 MACD를 표시한 차트다.

　그림에서 알 수 있듯이 MACD의 골든크로스 지점빨간색 화살표이 기준선 돌파파란색 화살표보다 더 좋은 매수 타이밍을 제공해준다. 따라서 MACD를 지수 차트에서 활용한 매수 타이밍은 골든크로스가 좋을 것이다.

　그런데 〈그림 2-16〉의 a지점을 보면 MACD 골든크로스 이후 얼마 지나지 않아 큰 폭의 하락이 지속되는 것을 알 수 있다. 물론 이것은 주식시장의 전반적인 상황이 크게 작용한 결과일 것이다.

주식의 바다에서 서핑하듯 투자하라

그림 2-16 | 코스피 지수 주봉 차트에서 MACD 보조지표를 표시한 결과

MACD로 추세를 확인하고 투자하려는 입장에서 이런 신호가 발생하게 된다면 자칫 큰 실수를 할 수 있다. 따라서 이런 신호를 제거하는 방법이 필요하다.

그래서 MACD를 활용하는 새로운 방법을 추천한다. 그것은 MACD를 매매 타이밍으로만 생각하는 것이 아니라, 매수 가능 구간으로 보는 것이다. 그리고 정확한 매수 타이밍은 스토캐스틱을 통해 함께 분석하면 된다.

〈그림 2-17〉을 보면 MACD가 상승하는 구간빨간색 음영박스은 매수 가능 구간이다. 이 구간 내에서는 언제든 매수하더라도 수익을 낼 가능성이 높은 시기다.

이때 스토캐스틱이 알려주는 골든크로스빨간색 화살표 시점이 좋은 매수 타이밍이다. MACD의 매수 가능 구간이 시작되었을 때 가급적 상

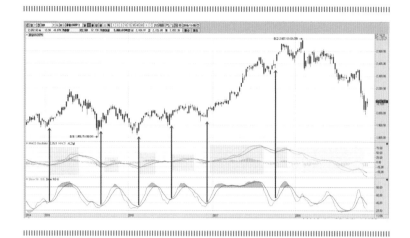

그림 2-17 | 코스피 지수 주봉 차트에서 MACD와 스토캐스틱 슬로우(10, 6, 6)를 함께 표시

승 초기에 매수하는 것이 더 큰 수익을 줄 것인데, 이 시점을 스토캐스틱이 알려주는 것이다.

MACD는 전체적인 상승 분위기를 알려주지만 정확한 매수일자까지는 확인하기 어려운 경우가 많으며, 스토캐스틱은 하락장에서도 골든크로스가 빈번하게 발생하기 때문에 두 개의 지표를 함께 보는 것이다. 이런 분석을 통해 상승추세에서 정확한 매수 타이밍을 확인할 수 있다.

MACD가 하락하는 구간하늘색 음영박스에서는 비록 스토캐스틱이 매수 타이밍을 알려주지만 가급적 투자를 자제하는 것이 좋다. MACD가 하락하는 구간이라는 것은 하락장이라는 뜻이기 때문이다. 하락장에서는 단발성으로 수익을 거둘 수 있을지 모르겠으나, 우리가 궁극적으로 추구하는 좋은 시즌에는 해당하지 않는다.

주식의 바다에서 서핑하듯 투자하라

좋은 시즌을 찾는 데에 이 두 가지 지표만으로 부족할 수 있으니, 뒤에 계속 설명하는 이야기에도 집중해보자.

: 이동평균선 :

이동평균선은 투자자들이 가장 많이 보는 기술적 지표 중 하나다. 차트창을 켜기만 해도 기본적으로 표시된다. 좋은 시즌을 찾기 위해서도 역시 이동평균선을 활용할 수 있다. 주가 이동평균선이란 일정 기간 이전 종가들의 평균을 선으로 연결한 것이다.

예를 들어 20일 주가 이동평균선이란 지나간 20일간 주가 평균들을 연결한 선이 된다. 이것은 지난 20일 전부터 흘러오는 추세로 이해할 수 있다. 지금은 주봉 차트를 살펴보고 있다. 따라서 주봉 차트에서 20의 의미는 지나간 20주의 주봉 평균값을 연결한 선이 된다.

이동평균선을 활용하는 방법은 다양하다. 투자자에 따라 중요하게 생각하는 이동평균선의 기간도 달라지고, 활용법도 천차만별이다. 그러면 좋은 시즌을 찾기 위해 이동평균선을 어떻게 활용해야 할까?

먼저 이동평균선의 기간별 의미를 생각해보자. 일봉 차트를 기준으로 120일 이동평균선은 경기선이라 한다. 장기 이동평균선으로 120일 이상을 보는 경우도 있으나, 보통은 120일선을 자주 활용한다.

120일 이동평균선은 경기 흐름을 알 수 있는 경기선이다. 120일이란 주식시장에서 6개월을 의미한다. 1년 중 주식시장이 개장하는 시간은 주말과 공휴일을 빼고 대략 240일 정도가 되기 때문이다. 그리고 6개월은 기업별로 보고서 2개가 나오는 기간이기도 하다. 즉, 보고서

2개가 나오는 기간 동안 꾸준히 실적이 나아지고 앞으로도 좋아질 것으로 기대된다면 경기가 좋아졌다고 이해할 수 있는 것이고, 120일 이동평균선은 계속 우상향할 것이다.

그러나 이동평균선은 지나간 주가의 평균이다. 오늘 새로 연장된 이동평균선은 지나간 120일의 평균점이라는 뜻이기도 하다. 따라서 엄청나게 후행하는 지표며, 갑작스레 변화하는 증시를 실시간으로 따라가기 힘들다.

60일 이동평균선은 수급선이라고 한다. 차트에서 60일이라는 기간은 주식시장 개장일의 3개월에 해당한다. 그리고 3개월은 기업별 보고서 1개가 발표되는 기간이다. 따라서 새로 발표된 보고서에 담긴 실적의 변화에 조금 더 민감하게 반응한다.

20일 이동평균선은 심리선이다. 20일은 주식시장에서 1개월을 의미하여, 아직 보고서가 발표되기 이전의 짧은 기간이다. 그래서 여러 가지 심리적인 요소에 따라 주가의 등락이 더 크게 결정되기도 한다.

10일이나 5일 이동평균선은 단기선이다. 주가가 큰 흐름에서 추세를 가지지만 세부적으로는 매일 양봉과 음봉이 번갈아 나오기도 한다. 이런 양봉과 음봉의 추세를 다소나마 반영해주는 이동평균선이다.

그러면 얼마의 기간을 활용하는 것이 좋을까?

〈그림 2-18〉을 살펴보자. 주가 이동평균선, MACD, 스토캐스틱 슬로우10, 6, 6를 함께 표시한 그림이다. 여기에서 MACD와 스토캐스틱의 공통된 매수 타이밍에 빨간색 화살표로 표시했다.

그 결과 코스피 지수 주봉 차트에서는 빨간색으로 그려진 20주 이

그림 2-18 │ 주가 이동평균선, MACD, 스토캐스틱 슬로우(10, 6, 6) 비교

동평균선이 그나마 좋은 데이터를 제공해주고 있다. 20주라는 시간은 대략 반년이 되고, 일봉 차트에서 120일 이동평균선과 비슷한 흐름이 될 것이다. 이는 기업별 보고서 2개가 나오는 시기다.

그런데 120일 이동평균선은 경기선이라고 했다. 경기가 좋아진다는 것은 다른 말로 좋은 시즌이 되었다는 것이다. 따라서 주봉 차트에서 20주 이동평균선을 활용하는 것이 좋을 것이다.

그리고 10주 이동평균선과 20주 이동평균선의 골든크로스 시점 전후에, 스토캐스틱의 골든크로스를 함께 확인해도 좋다. 이동평균선 하나만으로는 정확한 분석이 힘들 수도 있다. 그러나 다른 보조지표와 함께 보며 우상향 추세를 이해하면 도움이 될 것이다.

이동평균선을 이해하고 활용하는 또 다른 방법은 최소한 이동평균선이 정배열 또는 상승추세인지 확인하는 것이다. 개별 보조지표들에

그림 2-19 | 주가 이동평균선을 통한 상승추세와 하락추세

너무 집중하다보면 뻔히 보이는 하락추세임에도 순간순간 보조지표들이 알려주는 매수 타이밍에 현혹되어 매수하는 경우도 있다. 이런 소음을 제거하기 위해서는 주가의 흐름을 큰 그림에서 볼 수 있어야 한다.

〈그림 2-19〉를 보자. 2016년 7월에는 코스피 지수 주봉 차트에서 20주선과 60주선의 골든크로스가 나타났다. 그리고 20주선은 2016년 5월부터 상승추세가 시작되었고 2018년 1월까지 지속되었다.

이렇게 큰 흐름 속에서 이동평균선의 정배열 상승추세를 확인했다면 대세 상승장으로 생각할 수 있었던 시기다. 언제 갑자기 상승추세가 꺾일지는 모르지만, 지수 이동평균선이 정배열 상승추세를 이어가고 있는 동안에는 상승이 유지되고 있음을 알 수 있다.

주식의 바다에서 서핑하듯 투자하라

2018년 2월 장대음봉 이후 지수는 20주 이동평균선의 상승추세가 멈춘 것을 통해 알 수 있다. 이어서 20주 이동평균선은 2018년 5월을 전후하여 하락으로 전환되었고, 7월에는 20주, 60주 이동평균선의 데드크로스가 발생한 이후 역배열로 하락추세를 이어갔다.

데드크로스 이후 역배열이 지속된다면 큰 흐름 속에서 하락추세임을 이해하고 이에 맞는 투자 방법을 적용해야 할 것이다. 최소한 좋은 시즌에만 투자하려는 투자자라면 이런 시기의 투자는 쉬어야 했을 것이다.

이동평균선이란 지나간 캔들의 평균을 표시한 것이기 때문에 아무래도 후행성을 지닐 수밖에 없다. 그렇다고 할지라도 현재 캔들 모습과 이동평균선의 상대적인 위치를 살펴본다면, 지나간 평균보다 현재의 주가가 올랐는지 떨어졌는지를 통해 추세를 이해하는 데 도움이 될 수 있을 것이다.

예를 들어 이동평균선을 상향 돌파하는 캔들의 흐름이 먼저 나온다면 아직 이동평균선 흐름 변화가 나타나지 않았더라도 상승추세를 먼저 짐작할 수 있는 것이다. 따라서 현재 주가를 기준으로 이동평균선과의 상대적 위치를 이해하는 것이 필요하다.

: 삼선전환도 :

삼선전환도는 주가의 결정적인 상승과 하락의 전환 시점을 확인할 수 있는 지표다. 삼선전환도를 설명하는 곳은 그리 많지 않다. 지금까지 삼선전환도에 대해 언급한 주식 책을 살펴보면 대부분 기술적 분석의 전반을 다루면서 그중 하나로만 설명했을 뿐이며, 삼선전환도를 어떻게 활용하여 어떤 것을 이해할 수 있는지에 대해 설명한 책은 드물었다.

그러나 삼선전환도의 활용을 제대로 설명하는 책이 드물었다고 하여, 이 지표의 중요성이 떨어지는 것은 절대 아니다. 활용하는 사람에 따라 닭 잡는 칼이 될 수도 있고, 소 잡는 칼이 될 수도 있다.

삼선전환도는 직관적으로도 현재의 추세를 이해하기 쉬운 차트며, 특히 이 책에서 중요하게 살펴보는 좋은 시즌을 찾는 데 큰 도움을 줄 수 있는 차트다.

지표의 이름이 삼선전환도인 이유는 이전 하락선음봉 3개를 상향 돌파해야 겨우 상승선양봉으로 전환되고, 이전 상승선양봉 3개만큼을 하향 돌파해야 하락선음봉으로 바뀌게 되기 때문이다. 이를 통해 상승이나 하락 반전의 강한 추세를 이해하는 데 도움이 된다.

삼선전환도를 활용하는 방법은 하락선이 지속적으로 나오다가 상승선으로 전환되는 시점에서 매수하고, 다음 하락선이 나올 때까지 보유하는 것이다. 즉, 〈그림 2-20〉에서 빨간색 상승선이 나타나는 시작 지점이 좋은 시즌의 시작점이 될 가능성이 있는 시점이다. 그러나 간혹 빨간색 상승선 이후 곧바로 파란색 하락선이 나오기도 하기 때문에 다른 지표들과 함께 종합적으로 분석할 필요가 있다.

그리고 심신진환도는 이진 싱승신 또는 하락신 3개를 돌파해야 할 만큼의 변화량이 필요하므로 민감한 지표는 아니며, 장기투자에 더 도움이 된다. 따라서 투자 성향이 장기투자에 적합하지 않다면 삼선전환

주식의 바다에서 서핑하듯 투자하라

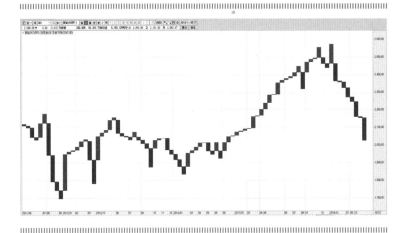

그림 2-20 | 코스피 지수 주봉 차트를 삼선전환도로 변환한 차트

도는 그저 참고만 하는 것이 좋다.

결정적으로 삼선전환도는 코스피 지수 주봉 차트에서는 그 진가가 발휘된다. 그 이유는 첫째, 코스피 지수 차트라는 점에서 변화량이 급변하지 않으며 일정 추세를 확인할 수 있고, 둘째는 주봉 차트라는 점에서 역시 느리게 움직이는 추세에 적합하기 때문이다.

〈그림 2-20〉은 코스피 지수 주봉 차트의 2011년 6월 이후 삼선전환도다. 이 차트에서 빨간색 상승선이 나타났던 시기는 분명 좋은 시즌이었다. 빨간색 상승선은 짧게는 한 주에서 길게는 일 년 이상 지속 상승한다. 만일 삼선전환도의 상승선이 나타났다면, 다른 분석 결과들과 연계하여 좋은 시즌을 찾아보자. 반대로 파란색 하락선이 발생한다면, 그만큼 큰 폭의 하락장이 있었다는 뜻이므로 지수의 하락 반전을 생각해야 할 때다.

삼선전환도를 보면 2012년은 다른 해에 비해 상승선과 하락선이 더 적으며, 2014년도는 아예 차트에서 보이지 않는다. 이런 시기는 주가지수가 긴 시간 동안 고만고만하게 횡보하던 시기였기 때문이다.

이 시기는 추세 전환이라고 할 수 있을 정도의 주가 변화가 없었으며, 그 결과 삼선전환도에서는 표시할 내용이 없었다. 이를 통해 삼선전환도는 기간을 무시하고 오직 주가추세 변화만을 압축적으로 표시하고 있는 차트임을 알 수 있다.

삼선전환도에서는 MACD나 스토캐스틱 같은 보조지표가 추가적으로 표시되지 않는다. 삼선전환도는 시간의 흐름을 무시하고 오직 추세 변화만을 표시하고 있으므로, 다른 보조지표를 함께 표시하기 힘들기 때문이다.

다른 보조지표와 함께 보는 것이 어려운 차트라고 할지라도 삼선전환도만을 통해 추세 변화를 단독으로 판단하기보다는 다른 여러 가지 분석 방법을 종합적으로 판단하는 것이 좋을 것이다. 왜냐하면 여러 가지 분석을 종합적으로 판단해야 투자 성공 확률을 높일 수 있기 때문이다.

: ZigZag 차트 :

지금까지 설명한 보조지표가 어렵게 생각되는 투자자들도 있을 것이다. 지금 설명하는 ZigZag 차트는 정말 간단하게 추세를 이해힐 수 있다. ZigZag 차트 역시 시중의 주식 책에서 쉽게 찾아볼 수 있는 지표는 아니다. 그저 기술적 분석을 위한 여러 가지 보조지표를 소개하

주식의 바다에서 서핑하듯 투자하라

전환비율(5)

그림 2-21 | 전환비율 5%에서의 ZigZag 차트

면서, 그중 하나로만 잠시 소개되었을 뿐이다.

그러나 ZigZag 차트는 긴 흐름에서 주가의 추세를 보다 확실하게 이해할 수 있는 차트며, 이를 통해 좋은 추세를 찾는 데 도움이 될 수 있다.

먼저 HTS의 차트 변경 설정창에서 ZigZag 차트를 활성화시켜보자. 그러면 〈그림 2-21〉과 같은 ZigZag 차트가 나올 것이다. 큰 흐름에서의 주가추세가 비슷하게 맞는 것처럼 보인다.

ZigZag 차트는 캔들의 빈번한 변화를 단순화하여 하나의 선으로 그린 것이다. 이 차트를 사용하는 목적은 세 가지가 있다.

첫째, 전통적인 패턴을 이해하기 위한 보조도구로서 사용한다. 예를 들어 '머리어깨형', '이중바닥형' 등의 패턴 등을 읽고 그에 맞는 대응을 할 때다. 캔들의 빈번한 움직임이 어지럽게 나올 때 과연 현재의 추세가 머리어깨형인지, 아니면 이중바닥형인지 이해하기 힘들다. 따라서 주가의 추세를 단순화할 필요가 있는 경우 사용한다.

둘째, 엘리어트 파동 이론에서 파동을 보는 데 편하다. 연속된 캔들을 연결하면서 상승파동과 하락파동을 계산하기란 사람에 따라 달라지기 쉽다. 그러나 ZigZag 차트를 통해 일정한 비율 이상의 변동 폭만을 자동으로 계산한다면, 조금 더 신뢰할만한 파동을 그릴 수 있게 된다.필자의 경우에는 엘리어트 파동 이론을 사용하지는 않는다.

셋째, ZigZag 차트를 통해 주가의 추세와 흐름을 간편하게 이해할 수 있다. 이는 긴 시간 동안의 추세를 이해할 때 필요한 것으로써, 지금 우리가 사용하려는 것이 이에 해당한다.

ZigZag 차트에서 중요하게 생각해야 할 것은 전환비율이다. 좌측 상단에서 '전환비율'이라는 글자를 더블클릭해보면 전환비율을 변경할

그림 2-22 | 전환비율 3%에서의 ZigZag 차트

　　　　　　　　　　주식의 바다에서 서핑하듯 투자하라

수 있는 창이 나온다. 〈그림 2-21〉에서 본 차트는 전환비율을 5%로 했을 때의 차트다. 이 차트에서는 5% 이하의 변동을 모두 소음으로 간주하고 그 이상의 추세 변화만 보여준다.

전환비율이 달라지면 어떻게 될까?

〈그림 2-22〉의 차트는 전환비율을 3%로 변경했을 때의 결과다. 전환비율을 3%로 변경하자, ZigZag 차트 선의 변화가 조금 더 민감해졌다.

ZigZag 전환비율 3%, MACD, 스토캐스틱 슬로우10, 6, 6를 함께 표시해보자. 그러면 〈그림 2-23〉과 같이 조금 더 보완된 추세의 변화를 판단할 수 있으며, MACD와 스토캐스틱과 같이 상당히 유사한 타이밍을 알려준다.

이렇게 다른 여러 가지 보조지표와 함께 분석함으로써 기술적 분석

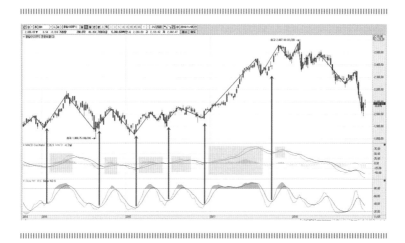

그림 2-23 | ZigZag 차트 전환비율 3%, MACD, 스토캐스틱 슬로우(10, 6, 6)를 표시

의 신뢰도를 높일 수 있을 것이다.

지금까지 좋은 시즌을 찾기 위한 기술적 분석 방법을 살펴봤다. 만일 여러분이 경제 전반을 분석하고 이해하여 증시의 상승기를 찾아낼 수 있다면 지금까지의 내용은 참고만 해도 될 것이다.

그러나 조금 더 간단한 방법을 찾고자 한다면, 책에서 설명하는 방법을 활용해보기 바란다. 이 책에서와 같이 증시의 상승기를 찾는 방법에 대해서는 그 어디에서도 알려주지 않았던 내용이기 때문이다. 기술적 분석에 대한 이론은 더 많지만, 이 책에서 알려주는 내용만 착실히 공부해도 큰 도움이 되리라 생각한다.

좋은 시즌을 찾는
'기본적 분석' 방법

좋은 시즌을 정확하게 분석하는 것은 어려우며, 그 방법도 다양하다. 이를 위해 앞서 기술적 분석 방법을 통해 좋은 시즌을 찾아봤다. 그런데 아무래도 분석한 결과에 자신이 없다면?

기본적 분석을 통해 분석에 신뢰를 더해보자. 기본적 분석을 통해 기업 내부적 요소인 실적과 전망을 살피고 외부적 요소인 경기 흐름, 금리, 설비투자, 환율 등을 분석한다. 특히 좋은 시즌을 찾기 위한 기본적 분석은 기업 분석과 더불어 국가 경제의 거시적, 미시적 흐름을 살펴야 하므로 상당히 복잡하다. 이는 전문가들마다도 항상 상반된 분석 결과를 발표할 정도다.

그렇다고 하여 좋은 시즌을 찾기 위한 기본적 분석을 포기할 필요는 없다. 이 책에서는 확실한 데이터를 바탕으로 간단히 살펴볼 수 있는 기본적 분석에 대해 설명하고 있으며, 이 정도만 알아도 큰 흐름을 읽기에 문제가 없을 것이다.

주식시장의 저평가 분석

기본적 분석의 가정은 '미래의 주가는 아무도 모른다'는 것이다. 그래서 기본적 분석을 통한 수익은 주가가 기업의 가치보다 낮아지면 매수하고, 주가가 기업의 가치보다 높이 상승하면 매도한다. 따라서 기본적 분석은 주식의 저평가 상태를 찾는 것에서 시작한다.

그렇다면 기본적 분석을 통한 시장의 저평가 상태는 어떻게 알 수 있을까?

저평가에 대한 분석 방법은 여러 가지가 있지만, 여기에서는 PER과 PBR을 통해 우리나라 주식시장의 저평가를 생각해보자. 만일 시장 전체의 PER, PBR이 저평가 상태에 들었다는 것이 확인된다면, 앞서 살펴본 기술적 분석에 더하여 시즌 분석이 더욱 정교해질 것이다.

: 주가 지수의 PER 분석 :

PERPrice Earning Ratio은 주가수익 비율로서 이는 주가를 주당 순이익으로 나누어준 비율이다. 그리고 주당 순이익은 당기 순이익을 발행주식의 총수로 나눈 비율이다.

다음의 계산식을 보자.

$$PER = 주가 / 주당 순이익$$

$$주당 순이익 = 당기 순이익 / 발행주식총수$$

$$즉, PER = \frac{주가 \times 발행주식총수}{당기 순이익}$$

위 식에 따라 주가가 많이 오르면 PER은 커지고, 기업의 당기 순이익이 커지면분모가 커지는 것이므로 PER은 작아진다. 이때 당기 순이익이 증가한다는 것은 기업의 가치가 상승하는 것이다. 이때 만일 당기 순이익이 증가함에도 아직 주가가 오르지 않아서 PER이 작은 상태, 이것을 'PER 저평가'라고 생각할 수 있다.

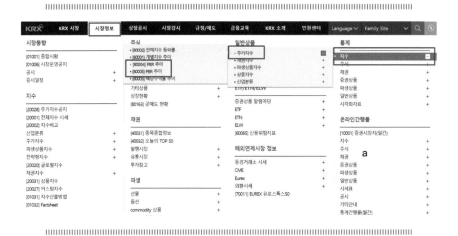

그림 2-24 │ 한국거래소의 시장 정보 통계 → 주가 지수 → PER 추이를 통해 코스피 전체의 PER, PBR을 확인할 수 있다.

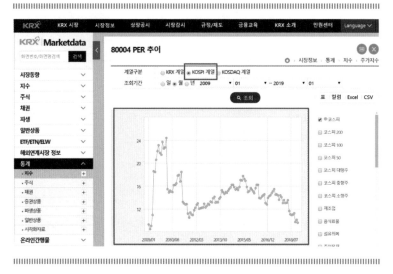

그림 2-25 | 한국거래소 시장 정보에서 코스피시장 전체의 PER을 볼 수 있다.

그러면 주식시장 전체의 PER은 어떻게 알 수 있을까?

〈그림 2-24〉와 같이 KRX 한국거래소https://goo.gl/rGTyPN 정보에서 찾을 수 있다.

지난 2009년부터 2019년 1월까지 월별 PER 추이를 검색해보면, 〈그림 2-25〉와 같이 나온다. 이곳의 정보는 표와 엑셀로도 확인할 수 있으니 직접 차트를 그려볼 수도 있다.

차트를 보면 코스피 지수의 PER은 2015년 5월이 최근 고점이었으며, 이후 지속적으로 하락하고 있다. 특히 2019년 1월의 PER은 9.5배까지 떨어졌는데, 이것은 금융위기 직후인 2009년 초 수준과 같다.

코스피 지수의 PER이 얼마부터 저평가이고, 어느 정도가 고평가인

주식의 바다에서 서핑하듯 투자하라

지 기준은 사람들마다 달리 생각할 수 있다. PER을 10배 이하부터 저평가라고 생각하는 경우가 일반적이지만, 지수에서까지 이런 기준을 적용하기에는 무리가 있으므로 과거와 비교하여 PER을 생각하는 것이 좋다.

따라서 2019년 1월의 PER은 과거와 비교해볼 때 저평가 상태에 들어선 것으로 이해할 수 있다. 역대 저평가 구간과 비슷한 수준이기 때문이다.

그러면 PER이 저평가 수준이니 바로 주식을 매수하면 될까?

저평가가 되었다고 하여 바로 좋은 시즌이 된 것은 아니다. 기본적 분석에서 주가의 방향은 예측할 수 없다고 했듯이, 코스피 지수 역시 언제 다시 상승할지는 모를 일이다.

저평가가 되었다고 하여 바로 상승하는 것 또한 아니다. 물론 저평가 수준이니 매수 후 몇 년이고 보유할 수 있다면 수익 구간이 분명히 올 것이다.

그러나 우리는 조금 더 돈의 효율을 높이기 위해 여러 가지 분석을 병행하고 있다. 따라서 현재 증시의 수준이 저평가 수준인지 파악한 다음, 기술적 분석을 통해 증시의 상승 시점을 확인하면 좋을 것이다.

: 주가 지수의 PBR 분석 :

PER과 함께 PBR도 주식의 저평가를 분석하는 데 널리 사용된다. PBRPrice Book-value Ratio은 주가 순자산비율로서 주가를 주당 순자산BPS 으로 나눈 비율이다. 그리고 주당 순자산은 자본총계를 발행주식의 총수로 나눈 비율이다.

아래의 계산식을 보자.

$$PBR = 주가 / 주당\ 순자산$$

$$주당\ 순자산 = 자본총계 / 발행주식총수$$

$$즉,\ PBR = \frac{주가 \times 발행주식총수}{자본총계}$$

위 식에서와 같이 PBR은 자본총계와 관련한 값이다. 앞서 본 PER 은 기업이 돈을 얼마나 벌어들이는지와 관련된 비율인데 반해, PBR은 자본이 얼마나 되는지를 이해할 수 있다.

자본이 증가하면분모가 증가하므로 PBR은 감소한다. 주가가 상승하면분자 가 커지므로 PBR도 함께 증가한다. 만일 돈을 차곡차곡 쌓아서 자본이 증 가했음에도 주가가 그대로라면, PBR은 낮아지게 된다. 특히 PBR이 1 배 이하까지 낮아지면 이를 저평가 상태가 되었다고 한다.

업종과 종목마다 다르지만 일반적으로 개별종목에서 PBR이 1배 이 하라면 저평가라고 한다. PBR 1배의 의미는 주가와 1주당 순자산이 같은 시기, 즉 모든 주식을 정리했을 때의 청산가치와 자본총계가 똑 같은 시기다. 그래서 PBR이 1배보다 적다는 것은 모든 주식을 청산했 을 때 현재 주가보다도 돈을 더 많이 받을 수 있다는 의미이므로 저평 가되었다고 하는 것이다.

주식의 바다에서 서핑하듯 투자하라

주식시장 전체의 PBR 역시 한국거래소의 시장 정보를 통해 확인이 가능하다. 한국거래소의 시장 정보에서 코스피시장의 PBR을 살펴보면 〈그림 2-26〉과 같다.

우리나라 코스피시장의 PBR을 살펴보면 과거 2009년에서 2010년까지 증시 상승기에 PBR 역시 증가했다. 이것은 코스피시장의 자본총계보다 주가가 더욱 빨리 상승하는 시기였기 때문이다.

그리고 2016년 중반에서 2017년까지의 PBR 역시 상승한 것을 알수 있다. 이 시기 역시 시장의 자본총계 대비 주가 상승이 더욱 가파른 시기였기 때문이다. 좋은 시즌을 함께 확인할 수 있었을 것이다.

그러나 PBR 분석이 곧바로 좋은 시즌을 알려주지는 않는다. 이는 단순히 저평가 상태임을 알려주는 지표기 때문이다. 역대 PBR을 살

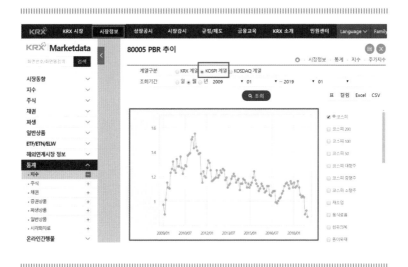

그림 2-26 │ 코스피 지수 PBR 차트 역시 한국거래소의 시장 정보에서 확인할 수 있다.

펴보면 2010년 고평가 이래로 큰 추세에서 계속 저평가 방향으로 움직이고 있으며, 언제 다시 우리나라의 증시가 제대로 평가받을지는 알수 없다.

하지만 분명 확실한 것은 2019년 1월 현재 PBR 수준은 저평가 수준으로 떨어진 것은 맞다. 따라서 PBR 저평가를 통한 분석 역시, 앞서 살펴본 기술적 분석과 연계하여 생각해야 한다.

OECD 경기 선행 지수 분석

우리나라의 경기 수준을 확인하는 방법으로 OECD 경기 선행 지수 OECD Composite Leading Indicator를 참고할 수 있다. 이는 회원국 간 상호 정책조정 및 협력을 통해 세계 경제의 공동 발전 및 성장과 인류의 복지 증진을 도모하는 정부 간 정책연구 협력 기구로서, 현재 35개국의 민주주의 시장경제 체제 국가들이 가입되어 있다.

OECD 경기 선행 지수란 가입국의 3~6개월 후 경기 흐름을 가늠할 수 있는 지표다. 그런데 주식시장은 경기에 선행한다. 따라서 경기 선행 지수를 살펴본다면 주식시장과 유사하게 흘러가는 것을 볼 수 있을 것이다.

경기 선행 지수가 전월보다 상승하면 경기가 상승 국면, 내려가면 하강 국면으로 생각할 수 있다. 전월 대비 상승과 더불어 전년 동기 대비의 상승도 중요한 자료가 될 수 있으며, 선행 종합 지수의 수치가

주식의 바다에서 서핑하듯 투자하라

100을 기준으로 이상이면 경기 상승, 100 이하면 경기 하락 상태로 분석하기도 한다.

OECD 경기 선행 지수는 OECD 사이트를 통해 확인할 수 있다. OECD 사이트에서 경기 선행 지수를 확인할 수 있는 주소는 〈https://goo.gl/x27vLp〉다. 여기에서 Composite Leading Indicator(CLI)를 클릭하면 〈그림 2–27〉처럼 경기 선행 지수 종합 차트가 나온다.

그런데 OECD에는 미국, 영국, 일본, 독일과 같이 경제 규모가 큰 나라뿐만 아니라, 상대적으로 경제 규모가 작은 나라들도 함께 가입되어 있다. 〈그림 2–27〉은 모든 OECD 가입국들의 평균 지수다. 따라서 국내 주식시장의 움직임을 이해하기 위해서는 OECD 평균 경기 선행 지수도 중요하지만, 우리나라만의 경기 선행 지수도 함께 확인할 필요가 있다.

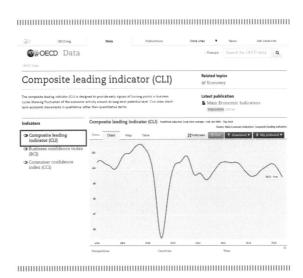

그림 2–27 | OECD 사이트의 경기 선행 지수 종합 차트

우리나라의 경기 선행 지수를 함께 표시하려면, 〈그림 2-28〉처럼 Highlight countries에서 Korea를 추가하면 된다.

경기 선행 지수를 추가했다면 앞서 살펴본 코스피 지수 월봉 차트와 비교해보자. 세부적인 사건까지는 아니더라도 2008년, 2016년, 2018년 정도의 큰 흐름 정도는 알 수 있다.

〈그림 2-29〉에서 보듯이 2008년 금융위기 당시의 경기 선행 지수는 큰 폭으로 하락했으며, 이런 움직임은 〈그림 2-30〉에서도 주가의 하락추세와 유사한 모습이다. 2018년 미·중 간 무역전쟁과 세계 경제 성장의 하락은 경기 선행 지수 하락으로 나타났으며, 이 역시 주가와 함께 움직인다는 것을 알 수 있다.

만일 직접 코스피 지수 차트를 통해 좋은 시즌이 시작되고 있다는

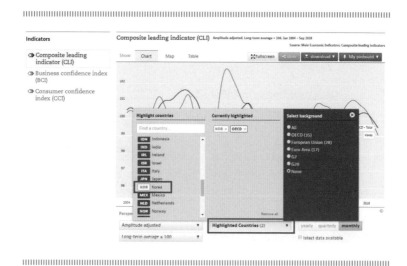

그림 2-28 | 우리나라의 경기 선행 지수 확인을 위해 Highlight countries에서 Korea를 추가시키는 방법

주식의 바다에서 서핑하듯 투자하라

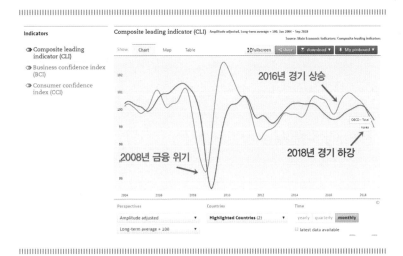

그림 2-29 | 우리나라의 경기 선행 지수(빨간색)와 OECD 경기 선행 지수 평균(파란색)의 비교

것을 분석했다면, 그다음에는 코스피시장의 PER, PBR 분석과 더불어 OECD 경기 선행 지수를 참고해보자. 경기 선행 지수도 함께 우상향

그림 2-30 | 경기 선행 지수와 비교하기 위한 코스피 지수의 월봉 차트

반등이 시작되었다면, 여러분의 분석 결과는 더욱 강력한 근거를 얻게
될 것이다.

한국개발연구원(KDI) 보고서 분석

한국개발연구원KDI은 국무총리 산하 경제사회연구회 소관 연구기관
으로서, 국내외 경제사회 전반에 걸쳐 종합적으로 연구하는 정부 출
연 연구기관이다. 한국개발연구원은 제2차 경제개발 5개년 계획 수립
과정에서, 경제·사회개발 정책을 연구하는 전문연구 기관의 필요성에
따라 1971년 3월에 설립되었다. 이 연구원의 운영 목적은 국민 경제
발전과 경제 관련 문제를 연구하는 것이다.

한국개발연구원의 사이트 주소는 〈http://www.kdi.re.kr/〉이며,
네이버에서 '한국개발연구원' 또는 'KDI'를 검색하면 바로 찾을 수 있
다. 우리가 좋은 시즌을 확인할 수 있는 자료는 한국개발연구원 사이
트의 '전망·동향'에서 KDI 경제 동향을 참고하면 된다.

경제 전망에 대한 보고서도 참고하면 향후 경제의 흐름을 이해하는
데 도움이 되겠지만, 아무래도 정부기관이다 보니 경제 전망을 긍정적
인 시각에서 볼 가능성이 있다. 따라서 현상을 제대로 이해할 수 있는
경제 동향 보고서를 우선 확인하자.

KDI 경제 동향 보고서는 회원가입 없이 무료로 다운받아 볼 수 있
다. 이 보고서는 GDP 및 제조업 성장률이나 업종별 경기 변화 등 다

그림 2-31 | 한국개발연구원에서 전망·동향 중 KDI 경제 동향을 참고할 수 있다.

양한 정보가 있다. 각각의 정보를 코스피 지수 차트와 함께 비교하며
살펴보면 된다.

〈그림 2-32〉와 〈그림 2-33〉의 GDP 및 제조업 성장률 차트와 코
스피 지수 차트는 일정 부분 유사한 흐름이 나타나는 것을 알 수 있다.
제조업 성장률이 상승하면 주가도 상승하고, 제조업 성장률이 감소하
면 주가도 하락하는 패턴이다. 이를 통해 주식시장의 상승 동력을 파
악할 수 있다.

이 보고서에서는 GDP 및 제조업 성장률뿐만 아니라, 다양한 지표
를 설명하고 있으니 참고하면 도움이 된다. 이런 식으로 경제 동향 보
고서를 통해 여러 가지 경제 현황을 토대로, 여러분의 분석에 대한 근
거를 찾을 수 있을 것이다.

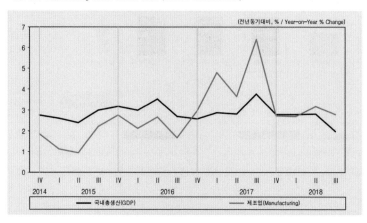

GDP 및 제조업 성장률(2010년 불변가격)
GDP and Manufacturing Sector Growth Rates (at 2010 Constant Prices)

그림 2-32 ┃ KDI 경제 동향 보고서 중 GDP 및 제조업 성장률 차트

그림 2-33 ┃ 2014년 이후의 코스피 지수 차트

주식의 바다에서 서핑하듯 투자하라

관세청 월간 수출입 현황 보도자료 분석

우리나라는 수출을 통해 먹고사는 나라다. 인구가 적다보니 내수경기만으로는 경제 발전과 기업들의 성장이 어렵다. 그래서 수출 현황을 참조하는 것도 좋은 시즌을 확인하는 데 도움이 된다. 수출입 현황은 관세청의 보도자료https://goo.gl/u1BsY1에서 월별로 게시된다.

수출입 현황 중에서도 특히 월간 수출입 현황에 대한 보고서를 참고해보자. 여기에서는 월별 수출액 및 증감률에 대한 차트를 확인할 수 있기 때문이다. 동일 기간의 수출입 증감률과 코스피 지수 차트와 비교해보자.

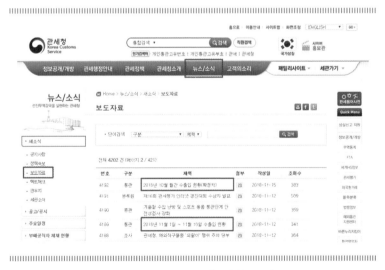

그림 2-34 | 관세청의 뉴스/소식 → 보도자료 → 수출입 현황 보고서

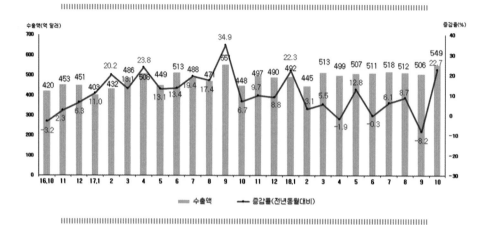

그림 2-35 | 관세청의 월간 수출입 현황 중 2018년 10월까지 월별 수출액 및 증감률 차트

〈그림 2-35〉의 관세청 수출입 현황 차트를 보면 수출액은 막대그래 프로, 수출액 증감률은 빨간색 꺾은선 그래프로 되어 있다. 수출액을 나타내는 막대그래프는 변화량이 너무 작기 때문에 수출액 증감률인 빨간색 꺾은선 그래프가 보기 편하다.

수출액 증감률을 보면 마이너스가 나오는 것이 제일 안 좋고, 증감 률 추세가 하락하는 것 역시 좋은 상황은 아니다. 그렇다고 매년 매월 꺾은선이 계속 우상향만은 할 수 없으므로, 수출액 증감률이 플러스가 유지된다면 좋은 시즌으로 생각할 수 있다.

지금까지 코스피시장의 PER 분석, PBR 분석, OECD 경기 선행 지 수, 한국개발연구원KDI 보고서, 관세청 월간 수출입 현황 보도자료를 통해 좋은 시즌을 찾는 방법에 대하여 기본적 분석의 관점에서 생각해 봤다.

주식의 바다에서 서핑하듯 투자하라

그림 2-36 | 관세청의 수출입 현황과 비교를 위한 코스피 지수 차트

이 외에도 더 많은 자료들이 있겠지만, 이 정도만 확인해도 투자 분석에 도움이 될 것이다. 이미 지수 차트에서 보여주는 좋은 시즌의 실마리를 찾았고, 이 분석을 뒷받침할 수 있는 데이터를 통해 신뢰도를 높이는 작업으로 생각할 수 있기 때문이다.

여기까지 여러분이 직접 사이트를 찾아보며 분석한다면, 투자의 성공 확률은 예전과 비교할 수 없을 정도로 높아질 것이다.

과거 사례를 통해 배우는
좋은 시즌 기회들

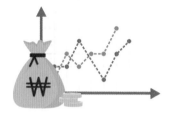

지금부터는 지난 증시의 역사를 살펴보려고 한다. 과거에 있었던 좋은 시즌과 비슷한 상황이 된다면 유사한 장세가 펼쳐질 수 있기 때문이다. 일반적으로 증시의 흐름은 경기 순환에 따라 진행되기도 하지만, 몇 번의 기회는 큰 사건들로 인해 다가오는 경우도 있다.

앞으로 다가올 기회를 놓치지 않도록 지난 사례들을 살펴보자.

2000년대 이후 대세 상승기

〈그림 2-37〉의 2000년대 이후 대세 상승을 최근부터 살펴보면 2003~2007년, 2009~2011년, 2017년의 상승기가 있었다.

2003~2007년의 상승장은 GDP의 성장이 큰 요인이었다. 당시의 GDP 상승률은 5%대의 높은 성장률을 보여줬다. 물론 2003년 당시 금리는 4~5%대로서 최근의 저금리 상황과는 달랐지만, 전 세계의 경제가 성장하는 시기였기 때문에 대세 상승기가 시작된 것이다. 특히 중국의 주식시장이 엄청난 상승을 보여주면서, 중국 관련 펀드가 큰 인기를 끌기도 했다. 자연히 우리나라의 주식시장도 관심이 집중되었고 세계적인 상승추세를 따라갔다.

2009~2011년도는 저금리와 양적 완화의 과정에서 큰 폭의 증시 상승이 있었다. 2008년 금융위기 이후 미국을 비롯한 각국의 은행들은 금리를 낮췄다. 우리나라는 2008년까지 기준금리가 5.25%였으나, 2009년에 들어서는 금리가 2%까지 낮아졌다. 이런 상황에서 2008년

금융위기로 폭락했던 주가는 다시 기업이 제 가치를 찾아 상승하기 시작했고, 동시에 시중에 풀린 자금들도 함께 유입되면서 더 큰 상승장을 만들었다.

가장 최근이었던 2017년 대세 상승기 역시, 미국을 비롯한 전 세계 저금리와 유동성 공급의 영향이 컸다. 우리나라의 2016년 6월 기준금리는 1.25%까지 하락했고, 이로 인해 부동산투자로 돈이 몰리는 상황으로 이어지기도 했다.

그러나 저금리와 함께 시중에 풀려 버린 많은 돈은 부동산뿐만 아니라 주식시장도 상승시켰다. 과거에는 주식시장에 돈이 몰리면 부동산시장이 조정을 받고, 부동산시장이 상승하면 주식시장이 흔들린다는 믿음이 있었다. 하지만 최근에는 주식과 부동산의 흐름이 함께 움직인다는 생각이 지배적이다.

또한 미국의 사상 최대 주가 상승 랠리는 우리나라 주식시장에도 좋은 영향을 주면서 증시를 더욱 밀어 올렸다. 그러나 유동성 공급과 저금리 장세는 2018년 들어 지속된 미국의 금리인상, 중국과 무역전쟁으로 인해 우리나라의 상승장 역시 멈추게 되었다.

2000년대 이후 대세 상승기를 살펴보면 전 세계의 경제가 함께 성장하거나, 저금리와 양적 완화가 시작된 시점이었다. 문제는 이런 상황이 자주 찾아오는 것이 아니라는 것이다. 따라서 인생에서 몇 번 만나지 못한 대세 상승기의 기회를 잡기 위해서는 평소 경제 흐름을 자주 살피며 기다려야 할 것이다.

대형사건 이후 주가 흐름

한편 경기 흐름에 따른 대세 상승기와는 달리 큰 사건들이 주가 흐름을 변화시키는 경우도 있었다.

먼저 1997년 IMF 사태가 있다. 〈그림 2-38〉과 같이 이 당시 코스피 지수는 1997년 고점 799 포인트에서 1998년 저점 277 포인트까지 하락하면서, 대부분의 주식들이 반토막 이상 폭락했다.

이 당시는 경제 사정이 어려워지다 보니 단기금리가 30%에 육박했으며, 시중에 돈이 말라 버려 급전을 막지 못한 기업들이 도산하기 시작했다. 이런 상황에서 외국인들의 투자 자본들마저 이탈하면서 급락을 가속시켰다.

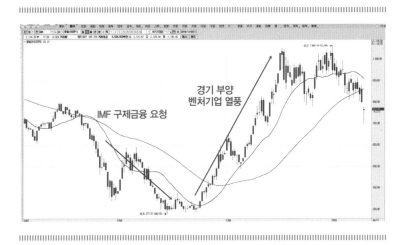

그림 2-38 | 코스피 지수 주봉 차트로 본 IMF 사태의 급락과 이후 IT 버블로 인한 급등

2001년 9월 11일 테러

그림 2-39 | 9.11 테러사건 이후 코스피 지수 일봉 차트

그러나 1998년 저점을 시작으로 1999년까지 1년 동안 코스피는 1052 포인트까지 급등했다. 거의 네 배나 상승한 것이다. 이 시기에 주도업종을 살펴보고 경제 상황이 나아지는 시점을 확인했다면 큰 수익이 가능했을 것이다.

특히 1999년의 상승은 IT 버블이 주도했기에 가능했다. 벤처기업 육성 정책으로 인해 코스피 지수는 2000년 1월까지 1066 포인트로 상승했다. 정부 정책으로 인한 버블이 어느 업종에 집중되는지 살피는 것이 도움이 될 것이다.

〈그림 2-39〉는 2001년 9월 11일, 미국에서 테러가 발생했을 당시의 코스피 지수 일봉 차트다. 이 사건으로 증시는 14% 정도 급락했다. 그러나 회복까지는 얼마 걸리지 않았다. 엄청난 대형사건으로 주식시

주식의 바다에서 서핑하듯 투자하라

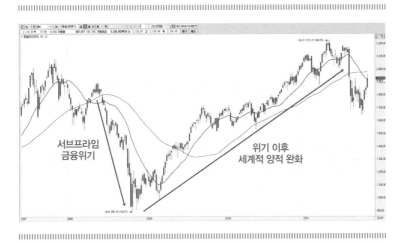

그림 2-40 | 코스피 지수 주봉 차트로 본 서브프라임 금융위기와 세계적 양적 완화

장이 폭락했지만, 근본적인 기업 가치가 손상된 것은 아니기에 회복하는 시간이 짧았던 것이다.

〈그림 2-40〉은 2008년 글로벌 금융위기 전후의 코스피 지수 일봉 차트다. 이 당시 금융위기는 미국의 서브프라임 모기지로 인해 발생했는데 상당히 큰 하락장을 만들었다. 신용등급이 낮은 사람들에게까지 무차별로 실행된 대출은 큰 위험성을 안고 있었고, 결국 취약한 부분에서 시작한 붕괴는 순식간에 미국을 넘어 전 세계의 금융위기를 불러일으켰다.

물론 세계적인 위기 상황에서도 세계는 망하지 않았으며, 오히려 이 사태를 계기로 전 세계적인 경제 부흥 대책이 진행되었다. 이로 인해 주식시장의 상승을 가속시켰으며, 이런 기회를 통해 수많은 슈퍼개미

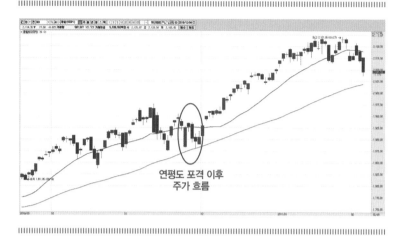

연평도 포격 이후
주가 흐름

그림 2-41 | 코스피 지수 일봉 차트에서 연평도 포격도발 이후 주가 흐름

들이 탄생하기도 했다.

큰 흐름의 시각으로 차트를 보면 세계 경제가 어떻게 진행될지 대략
감을 잡을 수 있을 것이다.

〈그림 2-41〉은 2010년 11월 23일, 연평도 포격도발 당시의 코스피
지수 일봉 차트다. 북한이 서해 연평도에 170여 발의 포격을 가해 우
리나라 국민 4명이 사망하고, 26명이 부상을 입었으며, 연평도의 많은
가구가 무너져 내렸다.

이 사건으로 전쟁에 대한 우려도 있었지만, 증시는 겨우 이틀에 걸
쳐 코스피가 3% 정도 급락을 보였을 뿐이다. 그리고 이마저도 장중에
양봉으로 말아 올려서 장이 끝나기도 했다. 이는 미국의 9.11 테러와
같은 맥락에서 이해할 수 있었던 흐름이며, 2010년 당시 세계적인

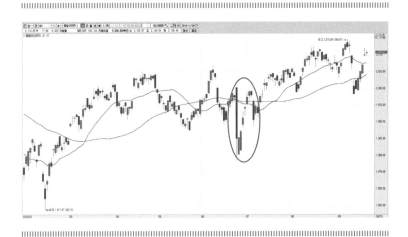

그림 2-42 | 코스피 일봉 차트에서 영국의 브렉시트 투표 결과 찬성이 결정된 이후의 주가 흐름

양적 완화의 대세 상승기를 꺾을만한 이슈는 아니었던 것이다.

〈그림 2-42〉는 2016년 6월 24일 영국 브렉시트 투표 전후의 코스피 차트다. 투표 결과 영국은 EU를 탈퇴하는 것으로 결정되면서, 우리나라 증시는 장대음봉으로 큰 하락을 보였다. 국제적인 금융 중심지인 영국의 탈퇴로 인해 EU가 무너지는 것은 아닌가 하는 우려가 컸기 때문이다.

당시 코스피 지수는 대략 4% 정도 하락했다. 하지만 바로 하루 만에 반등을 시작했으며, 금세 이전의 추세를 회복했다. 이 사건 역시 앞서 살펴본 9.11 테러, 연평도 포격도발과 같은 흐름으로 생각해볼 수 있을 것이다.

경기의 순환에 따라 자연스러운 주가의 상승과 하락은 이해할 수 있으며 분석이 용이하다. 그러나 위와 같이 뜬금없이 발생하는 사건들은 증시에 어느 정도 영향을 미치는지 정확히 알기 어려울 때가 많다. 그래서 과거의 사건들을 통해 장차 발생할 사건들의 파급력을 유추하는 것이 도움이 될 것이다.

지난 증시의 역사를 살펴보면 나라가 망할 것 같은 커다란 위기가 닥쳐와도 언젠가는 정상을 되찾았다. 오히려 빠른 경제 부흥을 위해 양적 완화 정책에 따라 주식시장에도 훈풍이 불게 되었다.

위기가 크면 클수록, 그리고 하락의 골이 깊을수록 반등의 시점을 잘 분석하여 좋은 기회를 잡아야 할 것이다.

주식의 바다에서 서핑하듯 투자하라

"

앞으로 다가올

대세 상승기라는 좋은 시즌만

제대로 찾고 이해할 수 있다면,

비록 투자 경험이 미천하고,

실력이 형편없는

초보 개미투자자여도

평균 이상의 큰 수익을

충분히 거둘 수 있습니다.

대세 상승이라는 큰 파도가

투자자의 자산을

한껏 끌어올려 주기 때문이지요.

"

· chapter 3 ·

가장 큰 상승장
'파도를 타기 위하여!'

큰 파도를 타야
높이 오른다

　투자하기 좋은 시즌은 서핑하기에 좋은 시즌이다. 아무 종목이나 매수해도 손실의 확률이 낮은 시기다. 이것은 마치 여름이 되었으니 어떠한 바다로 가더라도 춥지 않고 재밌게 놀 수 있는 분위기가 된 것과 같다.

　하지만 큰 파도는 아무데서나 치는 것이 아니다. 서핑하기 좋은 시즌일지라도 큰 파도가 치는 곳은 따로 있기 때문이다. 따라서 좋은 시즌을 찾은 다음, 해야 할 일은 가장 파도가 높이 치는 곳이 어딘지 살피는 것이다. 이것은 주식시장이 강세장으로 접어들었을 때, 어떤 업종과 테마가 시장을 선도하여 이끌고 가는지에 대한 분석이다.

　여러분이, 혹은 여러분의 자녀가 명문대학을 입학했다고 생각해보자. 인생에 있어서 좋은 흐름이다. 아무리 학벌 배제를 외치더라도 명문대학을 나오게 되면 그래도 손해는 아닐 테니 말이다. 오죽하면 아직까지도 부동산 가격 상승의 주된 요인 중 하나가 학군이 아니겠는가.

그러나 더 중요한 것은 단순히 명문대에 입학했다는 것이 아니라, 그곳에서의 전공이 더 큰 비중을 차지할 수도 있다. 같은 명문대학일지라도 졸업 이후 취업할 곳이 얼마 되지 않는 학과와 졸업 전부터 기업체에서 서로 모셔 가려고 줄을 서고 있는 학과의 차이는 또 벌어진다.

'좋은 시즌'이란 큰 수익을 보기 위함이 아니라, 손실을 보지 않기 위한 최소한의 요건이다. 따라서 손실을 최소화한 가운데 큰 수익을 거두기 위해서는 좋은 시즌뿐만 아니라, 가장 큰 파도를 찾기 위한 노력이 필요하다.

〈그림 3-1〉은 2017년 코스피, 의약품업종, 건설업종의 주봉 차트다. 2017년 증시는 큰 폭으로 상승했다. 이 당시 코스피 지수는 저점에서 고점까지 40% 상승했다. 그런데 의약품업종의 지수는 240%로 엄청난 급등을 했다. 지수가 이 정도이고 개별종목에 따라서는 더 큰 상승을 기록한 종목들도 많았다.

한편 코스피가 이렇게 상승하는 동안 건설업은 2017년 내내 하락하는 모습을 보였다. 그러다가 2018년에 들어서 겨우 남북 경제협력 테마로 인해 50% 정도 지수가 상승했고, 이마저도 2달 만에 다시 폭락했다.

큰 파도를 타야 높이 오른다. 여기저기 모두 오른다는 이야기가 들리더라도 어느 곳이 제일 많이 오르는지 살펴야 한다. 달리는 말에 올

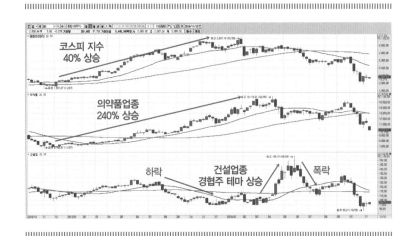

그림 3-1 | (위) 2017년 코스피 주봉 차트, (가운데) 의약품업종 주봉 차트, (아래) 건설업종 주봉 차트를 비교해보면 2017년도 증시 상승을 이끌었던 업종과 그렇지 못한 업종의 차이를 알 수 있다.

라타야 멀리 간다. 그런데 큰 파도를 타야 함에도 불구하고 개인투자자들이 그렇게 하지 못하는 이유가 있다.

'이미 많이 오른 종목들보다는 아직 덜 오른 종목을 사야 더 큰 수익을 거둘 수 있지 않을까?'

이미 많이 오른 것 같은가?

이미 많이 올랐다고 앞으로 더 오르지 않으리라는 것은 그 누구도 모른다. 그러나 초창기에 주가가 많이 상승하며 지수를 견인했다는 것은 여러 가지 상승할만한 이슈와 재료가 함께 있다는 뜻이다. 멈춰 있던 주가에 힘을 가해 드디어 운동을 시작한 것이다. 그런데 이때 주가를 밀어 올리는 힘은 모든 업종에 균일하게 생기는 것이 아니며, 일부 주도업종에 더욱 크게 작용한다.

증시의 상승 요인을 미리 분석하는 것은 매우 어렵기 때문에 차트를 먼저 분석했다. 하지만 많이 오르는 업종을 찾을 때에도 기본적 분석도 함께 보면 좋다.

제약바이오주에 대해 커지는 기대, 정부의 건설과 부동산에 대한 정책들, 북한과의 관계개선 등을 이해한다면 증시에 미치는 영향을 생각해볼 수 있었을 것이다.

이번 챕터에서는 가장 많이 오르는 업종을 찾고 분석하는 것에 대하여 생각해보겠다.

큰 파도를 타는 것에 대해 정리해보자.

1. 좋은 시즌이 시작되면 가장 많이 오르는 업종에 투자해야 한다.

2. 이미 많이 올랐다고 하여 두려워하지 말자.

3. 아직 오르지 않은 업종에 장차 기대되는 호재가 없음에도 불구하고 단지 아직 오르지 않았다는 이유로 투자하는 것은 아무도 관심 없는 뒷골목에서 혼자 보초를 서고 있는 행동일 뿐이다.

상승장에서
큰 파도를 찾는 방법

좋은 시즌을 찾았다면 이제 본격적으로 큰 파도를 찾는 방법을 생각해보자. 증시의 상승기에는 어떤 종목이 제일 많이 오를까?

주식투자를 하면서 많이 듣는 말이 '주도주주식시장에서 전반적인 주가의 상승을 이끌어가는 인기주'에 투자하라는 것이다. 그러나 대체 뭐가 주도주이고, 어떻게 찾는 것인지에 대해 자세하고 구체적으로 알려주는 경우는 드물다. 주도주에 투자하라는 이야기가 담긴 책들은 이렇게 말한다.

"증시 상승기 초입에 제일 많이 오른 종목이 주도주입니다. 그곳에 투자하세요."

정말 막막할 따름이다. 2,200여 개의 종목을 어떻게 다 확인할 수 있을까?

어떤 종목이 주도주인지는 증시 상승기가 다 끝난 다음, 제일 많이 올랐던 종목을 결산하면서 나오게 된 결과일 뿐이다. 따라서 증시의 상승기에 주도주를 시작부터 선택하여 정확하게 투자하기란 정말 어렵다. 따라서 필자는 그저 주식의 상승기에 투자했던 종목들 가운데 주도주가 끼어 있었다면 그나마 성공한 투자가 아닐까 생각한다.

이 책에서는 투자종목들 가운데 주도주를 포함시키기 위해 큰 그림에서부터 시작하여 개별종목으로 범위를 좁히는 탑다운Top-Down 방법을 통해 살펴볼 것이다.

우리나라 업종 분류

우리나라의 상장기업이 증가하면서 업종별 주가 동향이 필요하게 되었다. 그래서 1974년 7월 14일부터 산업별 지수가 발표되었다. 이후 기업과 업종이 꾸준히 증가하여 현재는 지수를 코스피 22개, 코스닥 33개로 통합했다. 그리고 발전추세가 크거나 투자자들의 관심이 높은 산업, 휴양 및 오락문화업종은 별도로 산업별 지수를 산출하기 시작했다.

우리나라 주식시장의 업종 분류 정보는 한국거래소http://www.krx.co.kr/ 사이트에서 확인할 수 있다. 그러나 한국거래소에서 제공하는 업종별 구성종목을 보면 일반적으로 생각하기에 조금 의아한 분류도 있다. 따라서 네이버 증권에서 제공하고 있는 업종과 종목 정보를 병행하여 참조하는 것이 좋을 것이다.

업종과 유사하게 섹터sector라는 개념도 있다. 이것은 유사한 업종을 한데 묶어 생각한 것이다. 예를 들면 은행업, 증권업, 보험업 등을 한꺼번에 금융섹터라고 하는 것이다. 네이버에서는 섹터에 대한 정보를 제공하지 않으므로 그냥 업종을 중심으로 살펴보면 된다.

네이버 증권의 활용

네이버에서는 많은 정보를 얻을 수 있다. 매일 뉴스뿐만 아니라 전자 우편, 길 찾기, 궁금증 물어보기, 맛집 후기, 기업체 홈페이지, 주식 정보 등등 수많은 정보가 담겨 있다. 네이버를 통해 할 수 있는 일은 이루 다 헤아릴 수 없을 정도로 우리의 생활 깊숙이 녹아들어 있다.

그러나 주식투자하는 사람들 가운데에서도 의외로 네이버에서 제공하는 주식 관련 정보를 충분히 활용하지 못하는 경우가 많다. 이런 점이 안타까워 필자는 《네이버 증권으로 배우는 주식투자 실전 가이드북》을 쓰게 되었다.

〈그림 3-2〉는 큰 파도를 찾기 위해 활용할 수 있는 네이버의 정보다. 네이버 증권에서 업종과 테마, 그리고 ETF에 대한 정보를 찾을 수 있다. 참고로 네이버에서 제공하는 업종은 한국거래소의 업종 분류와 조금 다를 수 있으니 이를 감안하고 참고해야 한다.

주식의 바다에서 서핑하듯 투자하라

그림 3-2 | 네이버 증권에서 업종, 테마, ETF의 정보를 통해 주도업종을 찾을 수 있다.

먼저 업종별 시세 정보를 보면 그림과 같이 해당일의 가장 많이 오른 업종을 알 수 있다. 이 날은 제약업종이 가장 크게 상승했고, 그다음이 항공사, 그다음은 에너지장비 및 서비스, 전기유틸리티, 생물공학 순으로 상승했다.

이때 상승률보다도 먼저 업종별로 포함되어 있는 종목의 수를 살펴야 한다. 그림에서 '전기유틸리티'업종의 경우에는 포함된 종목이 겨우 4개밖에 되지 않는다. 이런 경우에는 한두 종목만 급등해도 네이버가 분류한 업종 전체에 영향을 주기 때문에 추천하지 않는다.

반면 제약, 항공사, 생물공학업종 같은 경우에는 10종목 이상 많은 종목들로 이루어져 있다. 이렇게 포함된 종목이 많은 업종을 찾아야 업종 상승에 대한 신뢰도가 높아진다.

장중에는 시간에 따라 종목들 간의 상승과 하락이 시시각각 이루어지며 업종별 시세도 변한다. 그러나 일반적으로 그날 많이 오른 상위 10개 업종을 살펴보면 서로 간 순위만 조금 바뀔 뿐 거의 비슷하다.

그러면 주도업종은 어떻게 찾을까?

좋은 시즌이 되었다면 매일의 업종별 시세를 찾아 정리해야 한다. 네이버에서 이런 자료들까지 함께 제공해줬으면 좋겠지만 아쉽게도 없다. 그러니 투자자 스스로 가치 있는 정보를 가공해야 한다.

좋은 시즌이 되고, 매일의 상승 상위 업종을 정리하다보면 자주 등장하는 업종들이 보일 것이다. 바로 이 업종들이 증시 상승기의 주도업종이다. 증시 상승기에 연일 큰 폭의 상승을 기록하는 업종이라면 지수 상승을 끌어올릴만한 충분한 힘이 있기 때문이다.

그리고 시장 전체의 증시를 끌어올리기 위해서는 포함된 종목 수도 많아야 한다. 네이버에서 분류한 업종 내 종목 수가 얼마 안 된다면 포함된 종목들의 시가총액이라도 높아야 지수에 영향을 줄 수 있다. 이런 점들을 참고하여 자신만의 정보를 만들어보자. '테마' 카테고리를 활용하는 방법은 업종과 똑같은 방식이니 생략한다.

ETFExchange Traded Fund를 통해서도 주도업종을 찾을 수 있다. ETF는 기초 지수의 성과를 반영한 상장 지수펀드로서 주식처럼 편리하게 거래할 수 있도록 만든 인덱스펀드다.

ETF에 투자하는 경우를 생각해보자. 제약 관련 업종이 많이 오른다고 생각했다. 그런데 제약업종 중에서도 어떤 종목에 투자해야 할지 모르겠다면, 헬스케어나 바이오ETF에 투자할 수 있을 것이다. ETF투자를 통해 개별종목투자의 위험을 분산하고 업종의 평균에 투자할 수

주식의 바다에서 서핑하듯 투자하라

있다.

그런데 꼭 ETF에 투자하지 않더라도 ETF를 활용할 수 있다. 만약 좋은 시즌이 시작되는 시기에 제약 관련 ETF가 가장 많이 오른다면 어떻게 생각할 수 있을까?

바로 제약 관련 업종이 주도업종이 된 것이다. 증시의 상승기에 제약업종이 제일 많이 오르고 있다는 증거고, 그것이 ETF의 상승률로 나타난 것이기 때문이다. 이렇게 ETF를 통해 주도업종을 찾게 된다면, 해당 ETF를 구성하는 종목들 가운데 투자할만한 종목을 찾고 개별종목에 투자할 수 있을 것이다.

〈그림 3-3〉은 네이버에서 제공하는 ETF의 수익률 자료다. 네이버 국내 증시에서 ETF를 클릭한 다음 국내 업종/테마를 클릭한다. 그다음 등락률을 클릭하면 상승률이 높은 순으로 정렬된다. 그림에서 이

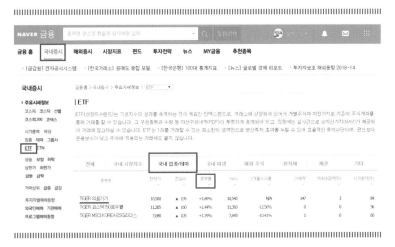

그림 3-3 │ 네이버에서 제공하는 ETF 자료

날은 의료기기 관련주들이 많이 상승했음을 알 수 있다. 그러면 이날을 기준으로 의료기기 관련주가 주도업종이라고 생각해도 되는 것일까?

결론은 ETF 역시 앞서 살펴본 업종 분석과 마찬가지로 조금 더 긴 시간을 두고 살펴봐야 하며, 이 기간 동안 상승률이 높은 ETF가 주도업종이 될 수 있을 것이다.

이를 찾기 위해 먼저 증시의 상승추세가 시작된 것을 확인해야 한다. 증시가 횡보나 하락추세라면 주도업종을 찾는 의미가 사라진다. 좋은 시즌을 찾은 후에야, 이 시기를 전후하여 ETF의 상승률이 가장 높은 업종을 찾아야 한다.

그다음 상승률 상위의 ETF를 찾아야 한다. 이때도 하루나 이틀 정도의 반짝 상승이 아니라, 어느 정도 상승이 크게 지속된 업종을 찾아야 한다. ETF의 경우에는 업종별로 기간에 따른 차트가 제공되니 이것을 활용하면 업종별 상승률을 찾기가 더 수월하다. ETF 차트는 HTS의 ETF 정보나 네이버 ETF 자료를 토대로 살펴보면 된다.

〈그림 3-4〉는 2018년 11월경 상승률이 가장 높았던 TIGER 의료기기의 ETF 차트다. 3개월을 기준으로 상승하는 모습이다.

지금까지 투자하기 좋은 시즌에 주도업종을 찾는 방법에 대하여 네이버의 정보를 통해 살펴봤다. 네이버만 잘 활용해도 많은 정보를 얻을 수 있으니 활용해보기 바란다.

주식의 바다에서 서핑하듯 투자하라

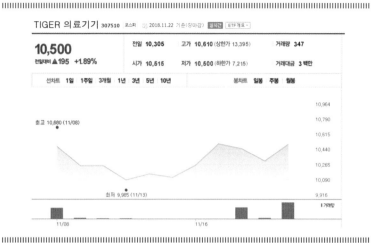

그림 3-4 | ETF 차트를 통한 상승추세 확인

업종별 지수 차트 분석

주도업종을 찾는 또 다른 방법이 있는데, 바로 HTS 차트를 활용하는 것이다. 업종별 지수 차트도 코스피 지수 차트와 같은 방법으로 HTS에서 확인한다.

HTS의 활용은 네이버를 활용하기 번거롭거나 다른 방법으로 주도업종을 찾고 싶은 투자자가 활용할 수 있는 방법이다.

〈그림 3-5〉와 같이 차트 대상을 '주식'에서 '업종'으로 바꾼 다음, 돋보기를 클릭하여 업종들을 하나하나 검색하며 분석해야 한다. 그리고 업종 차트 비교를 통해 상승률이 상대적으로 큰 업종을 선별하게 된 다음에는 각 업종들이 어떤 종목으로 구성되어 있는지는 또다시 별도

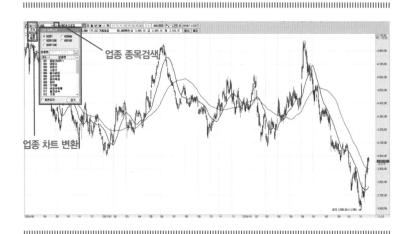

그림 3-5 | 업종별 지수 차트 확인하는 방법

로 검색해야 한다. 이 과정은 수작업으로 하나하나 이루어지기 때문에 조금 힘들 수 있다.

HTS 업종별 차트의 구성종목은 한국거래소의 종목을 기준으로 선정한 것이다. 업종별로 어떤 종목이 있는지는 한국거래소http://www.krx.co.kr/의 시장 정보에서 찾을 수 있다.

〈그림 3-6〉과 같이 한국거래소 사이트의 상단바에서 시장 정보로 들어가면 지수에서 주가 지수를 검색할 수 있다. 여기에서 KOSPI 시리즈, KOSDAQ 시리즈를 살펴보면 산업별 지수에 대한 정보와 각각의 업종을 구성하고 있는 개별종목을 알 수 있다.

업종별로 매번 확인하기 번거롭다면 이 책의 마지막에 부록으로 정리해둔 표를 참고하면 도움이 될 것이다. 그러나 부록의 표는 2018년 12월 말 기준으로 해당 업종 내에서 시가총액 상위 10개 종목이므로,

166<tab>주식의 바다에서 서핑하듯 투자하라

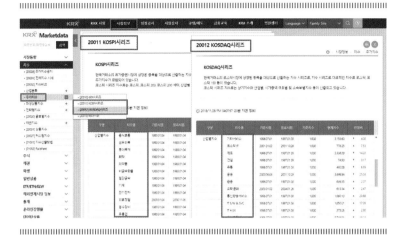

그림 3-6 | 한국거래소의 시장 정보 → 주가 지수 → KOSPI 시리즈, KOSDAQ 시리즈 검색 방법

주가 변동에 따라 일부 종목이 바뀔 수 있다는 것을 감안해야 한다. 특히 시가총액 상위 10개 중 하위에 있는 종목의 경우에는 종목 변경이 있을 수 있다.

참고로 업종별 구성종목이 기존 여러분이 알던 것과는 다소 다를 수도 있다. 예를 들어 한국거래소에서 제공하는 '코스피 서비스업'에는 NAVER, 넷마블, 강원랜드, 코웨이가 속해있다. 하지만 네이버 증권에서 넷마블은 '게임소프트웨어와 서비스'로 분류되어 있고, 강원랜드는 '호텔, 레스토랑, 레저'로 분류되어 있다.

그리고 에이치엘비와 같은 종목은 코스닥에서 제조업과 운수장비 및 부품업으로 분류되어 있는데, 최근에는 제약바이오 관련 종목으로 알고 있는 사람들이 더 많다.

그래도 HTS의 업종 차트를 움직이는 것은 한국거래소에서 분류해둔 업종별 구성종목이다. 따라서 평소 자신이 알고 있는 종목의 분류와 다를지라도 한국거래소를 기준으로 생각해야 한다.

업종별 차트를 하나하나 검색해보는 것이 주식 상승기에 주도업종을 찾을 수 있는 제일 좋은 방법이다. 그러나 코스피 20여 개, 코스닥 30여 개의 업종을 모두 하나하나 검색하기란 여간 힘든 것이 아니다.

따라서 먼저 네이버 업종이나 ETF 등의 자료를 통해 주도업종을 어느 정도 추려낸 다음, 차트를 통해 확인할 수도 있다. 하지만 결국엔 〈그림 3-7〉처럼 여러 개의 업종을 하나하나 비교하는 작업은 반드시 필요하다.

먼저 좌측 상단을 보면 '전' 또는 '전환'이라는 글자가 있을 것이다. 이것을 클릭한 다음 '추' 또는 '추가'로 변경하면 하나의 화면에 여러 개의 차트를 동시에 볼 수 있게 된다. 차트 추가 상태에서 업종을 추가하

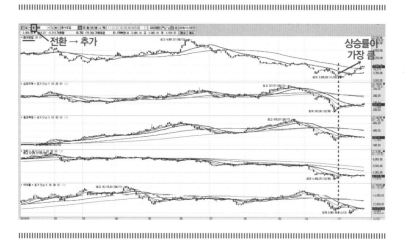

그림 3-7 | 업종 지수 차트 비교

주식의 바다에서 서핑하듯 투자하라

여 여러 개의 차트를 동시에 비교하면 된다.

이때 동시에 볼 수 있는 차트의 개수가 5개가 넘어가면 차트의 모양이 납작해지면서 상승률을 비교하기가 애매해진다. 그래서 보통 5개정도의 차트를 비교하고, 또 다음 5개의 차트를 비교하면서 가장 상승률이 높은 업종을 선별하는 것이 좋다.

그림에서는 11월 이후 5개 업종을 비교했을 때는 음식료업이 그중에서 상승률이 제일 좋았다는 것을 알 수 있다. 그러면 음식료업을 남겨두고 새로운 4개의 업종 차트로 교체하여 다시 비교한다. 그렇게 5개씩 상승률이 가장 높은 차트를 기준으로 계속 비교하면 투자하기좋은 업종을 골라내기가 쉬워진다.

업종별 차트 비교에서 보조지표에 대한 분석은 중요도가 떨어진다. 그 이유는 상대적으로 더 많이 상승하는 업종을 찾는 비교 작업이 더중요하고 효율적이기 때문이다. 따라서 여러 개의 업종을 서로 비교하며 가장 상승률이 높은 업종, 즉 주도업종을 찾는 데 집중하면 된다.

증권사 산업 분석 리포트 활용

네이버 증권에서 '투자 전략'을 보면 증권사에서 발행하는 각종 리포트를 편하게 모아 볼 수 있다. 리포트가 길어서 또는 관심이 없어서 잘챙겨 보지 않는 투자자가 많을 테지만, 그래도 투자를 제대로 하고 싶다면 이런 리포트가 도움이 된다.

그렇다고 증권사 리포트를 맹신하지는 말자. 증권사 리포트가 투자에 대한 절대적인 정답은 아니기 때문이다. 리포트는 작성한 연구관의 지식, 견해, 성향에 따라 얼마든지 달라질 수 있다. 하나의 주제에 대해서도 증권사별로 다른 전략을 내놓기도 하므로, 증권사 리포트는 어디까지나 참고용일 뿐이라는 것을 명심하자.

간혹 증권사 전문가들이 어떤 종목을 칭찬하면서 향후 전망이 밝다고 이야기하면 귀가 솔깃해지기도 한다. 그러나 증권사 리포트에서 개별종목에 대한 전망을 밝게 분석했을지라도 주가는 하락할 수 있다. 이것은 증권사의 분석이 잘못되었거나, 정확한 분석일지라도 좋은 기업과 좋은 주식은 다를 수 있기 때문이다.

좋은 기업의 주식이라고 하여 반드시 상승하는 것은 아니다. 그래서 증권사 리포트는 개별종목을 찾는 용도보다는 다양한 정보의 수집 창구로서 활용하는 것이 좋다.

〈그림 3-8〉처럼 네이버 증권의 투자 전략을 보면 시황 정보 리포트에서 채권 분석 리포트까지 다양한 리포트가 제공된다. 이중에서 우리가 원하는 주도업종을 찾는 데 도움이 되는 리포트는 '산업 분석' 리포트다. 산업 분석 리포트는 업종과 산업 전반에 대한 자료다. 따라서 이곳의 산업 분석 리포트를 읽다보면 각 산업별 분위기와 전망을 이해하는 데 도움이 된다.

그러면 산업 분석 리포트를 어떻게 활용하면 좋을까?

산업 분석 리포트를 시작부터 끝까지 모두 다 읽어본다면 투자전문가 수준의 교양이 쌓일 것이다. 그러나 하루에도 수십 개씩 발행되는

그림 3-8 ┃ 네이버 증권에서 '투자 전략'을 보면 다양한 리포트를 볼 수 있다. 이중에서 산업 분석 리포트를 살펴보자.

리포트를 모두 읽기에는 조금 벅차다. 그리고 각각의 리포트를 읽으면서 산업별로 어떤 분야가 유망한지를 서로 비교하는 것도 어렵다.

그래서 산업 분석 리포트의 활용은 보조수단으로 활용하는 것을 추천한다. 모든 산업 분석 리포트를 먼저 읽고 그 가운데 옥석을 가리기보다는 앞서 살펴봤던 방법을 통해 주도업종을 먼저 찾아보자.

네이버 업종 정보와 테마, ETF의 상승률, HTS 업종 차트 비교를 통해 좋은 업종을 찾을 수 있을 것이다.

그렇게 몇 개의 주도업종을 찾았다면 해당 업종에 대한 이해가 필요하다. 주도업종이 왜 상승하는지를 알기 위해서 증권사에서 잘 정리해둔 리포트를 참고하면 된다.

리포트를 읽고 업종에 대한 이해가 생긴 투자자는 그냥 오르는 종목을 따라서 사는 투자자들과 차원이 달라진다. 단순히 오르니까 매수하는 것과 경기 상승과 산업 발전으로 인한 주가 상승을 이해하고 매수하는 것에는 투자의 마인드 자체가 다르다.

물론 증권사 리포트 몇 개로 업종과 산업에 대한 대단한 이해가 생기는 것은 아니다. 그렇다 할지라도 이마저도 읽어보느냐 아니냐의 차이는 분명히 나타난다. 따라서 증권사별로 내놓은 훌륭한 분석의 결과를, 이런 방식을 통해 투자에 적극 활용하는 것이 좋을 것이다.

정부 정책의 이해

좋은 시즌은 경기가 순환하는 동안 대세 상승장을 만나면서 시작된다. 그러나 가끔은 정부 정책에 의해서도 발생한다. 특히 정권이 바뀐 후 새로 추진하는 대형 사업과 정책을 살펴보면 좋은 기회를 포착할 수도 있다.

최근의 대표적인 정책 관련주는 2018년 대북 경제 협력주가 있다. 남북회담 이후 평화 모드가 조성되면서 북한과 경제 협력을 통해 더 큰 발전을 이룰 수 있다는 정부의 의지가 있었으며, 북한에 인프라를 구축해줄 수 있다는 생각으로 철도, 건설, 철강 등이 인기를 끌었다. 그래서 〈그림 3-9〉처럼 2018년 같은 하락장 속에서도 대북 경제 협력 관련주들은 3배에서 5배까지 급등하기도 했다.

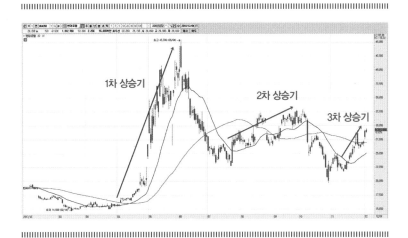

그림 3-9 │ 현대로템의 경제 협력주 테마 이슈로 인한 주가 흐름

예를 들면 남북회담 이후 북한과 철도 연결을 통해 중국과 유럽으로 까지 진출할 수 있다는 기대감이 있었다. 이를 위해 정부에서는 철도 관련 실무회담을 진행하기도 했다. 그 결과 2018년 4월 초 15,000원 하던 현대로템의 주가는 2개월 만에 45,000원까지 급등했다.

그러나 경제 협력의 분위기가 우리나라의 추진만으로는 한계가 있으며, 실제 사업으로 진행되는 것이 어렵다는 인식이 퍼지게 되었다. 그러자 다시 주가는 반 토막이 되었다. 이후 정부의 의지가 꺾이지 않았다는 것이 확인된 이후 2차, 3차 상승기를 맞이했다. 이런 현상은 현대로템뿐만 아니라, 대부분의 경제 협력주에서 공통적으로 나타났던 현상이었다.

〈그림 3-10〉의 현대건설도 살펴보자.

그림 3-10 | 현대건설의 경제 협력주 테마 이슈로 인한 주가 흐름

　　현대건설도 역시 북한과 경제 협력 관련주로 평가받았다. 북한과 경제 협력을 하면서 과거 정주영 회장 이후 '현대'라는 이름 아래 경의선과 동해 북부선 복원사업에 진출할 수도 있다는 기대감으로 상승했던 종목이었다. 물론 이 종목 역시 경제 협력의 분위기가 꺾이면서 급등과 급락을 이어가기도 했다.

　　이전 정부에서도 정책이 주가에 영향을 주는 사례는 많았으며, 그중에서도 정부의 부양 정책이 대표적이다. 2016년 6월 개각에서는 최경환을 경제부총리로 내정했는데, 그는 취임 이후 41조 원의 재정을 풀어서 경기를 부양하려고 했다. 특히 부동산시장을 살리기 위해 부동산 규제를 완화하는 방안을 2016년 8월 1일에 발표했다. 〈그림 3-11〉처럼 이 정책으로 대출 증가와 관련하여 은행업종이 가장 큰 수혜를 입었다.

초이노믹스

그림 3-11 │ 최경환 경제부총리의 초이노믹스 이후 은행업 지수 차트 흐름

　　만일 정부 수혜주의 투자 타이밍이 늦었다면 다음 정책을 기다려야 한다. 정책 발표 후 상승 초기에 매수 타이밍을 놓쳤다면, 중간에 추격 매수를 하더라도 수익이 얼마 되지 않을 수도 있기 때문이다. 정책과 수혜주는 매번 바뀌며 기회는 끊이지 않고 계속 새로 시작될 것이다. 그리고 모든 정부 정책이 주가를 상승시키는 것도 아니므로 주가의 흐름도 잘 살펴야 한다.

　　한편 정부의 정책이 주가를 상승시키는 것만은 아니다. 정부의 규제 정책은 주가를 하락시키기도 한다. 2016년에서 2017년은 부동산 시장이 엄청난 관심을 받은 시기였다. 대학생까지 갭투자에 나선다는 뉴스가 나오기 시작했으며, 아파트 가격은 지역을 순환하며 몇 억 원씩 급등하기 시작했다. 그래서 투자에 관심이 있었던 사람들은 은행 대출을 통해 부동산을 구입하려고 하던 시기였다.

그림 3-12 │ 은행업종의 부동산투자 활황기 급등, 대출과 다주택자 규제로 인한 하락

그러나 부실대출의 문제점을 인식한 정부는 대출 조건을 까다롭게 바꾸고 다주택자를 제한하는 정책을 펼쳤다. 그 결과 〈그림 3-12〉처럼 엄청나게 급등하던 은행주들은 성장세가 꺾이게 되었다. 심지어 기준금리를 인상하는 분위기였음에도 불구하고 은행주의 하락세는 반전되지 않았다.

주식투자를 하면서 정치, 경제, 사회, 문화에 걸친 전 영역의 뉴스로 관심을 확대하다 보면 모든 것이 기회가 될 수 있음을 느끼게 된다. 그중에서도 정부 정책에 따라 추진되는 사업이라면, 국가적인 규모의 지원으로 크게 움직일 것이 예상되기에 특히 중요하다.

지금까지 상승장의 큰 파도에 대한 투자를 정리하면 다음과 같다.

주식의 바다에서 서핑하듯 투자하라

1. 주도업종에 투자하자.

2. 업종의 분류는 네이버 증권과 한국거래소를 참고하면 된다.

3. 네이버 증권의 업종과 ETF를 통해 주도업종을 찾을 수 있다.

4. HTS 업종 차트 비교를 통해 주도업종을 찾을 수 있다.

5. 네이버 증권의 산업 분석 리포트를 통해 주도업종 동향과 상승 이유를 이해할 수 있다.

6. 정부 정책의 이해를 통해 주도업종을 찾을 수 있다.

다가올 상승장 파도를 예측하라

필자는 시장을 예측하지 않는다. 미래를 예측하는 것은 점쟁이의 영역이라 생각하기 때문이다. 따라서 주식투자 역시 미래를 예측하기보다는 현재 시점에서 가장 힘이 좋고 좋은 흐름에 있는 종목, 그 가운데 기업의 실적이 좋고 호재가 있는 종목에 투자하는 편이다.

그러나 어떤 종목이 앞으로 상승할지에 대해 미리 공부하는 것은 필요하다. 다가올 큰 파도의 업종이 무엇이 될지는 모르지만, 상승 가능성이 있는 업종들을 미리 섭렵해둔다면 미래가 현재가 되었을 때 누구보다도 빠르게 대처할 수 있을 것이다. 특히 미래에 크게 발전할 분야, 유망한 분야의 주식을 공부하는 것이 필요히다. 기업의 성장이 곧 주가 상승을 견인할 수 있기 때문이다.

따라서 향후 우리나라 증권시장에서 큰 이슈가 될 만한 업종들을 정

주식의 바다에서 서핑하듯 투자하라

리해봤다. 아래 정리된 업종만이라도 관심을 갖고 공부하다보면, 분명 크게 성장할 종목을 발견하게 될 것이다.

2차전지

2차전지는 휴대폰, 노트북 등 소형 전지시장, 전기차시장, ESS Energy Storage System, 에너지 저장 시스템 등 대형 전지시장으로 나뉜다. 이중에서 전기차시장은 파리기후협약 이후 관심이 더욱 커졌다. 자동차기업들은 평균 이산화탄소 배출량을 2020년까지 95g/km로 낮출 예정이지만, 전기차시장의 확대가 없이는 달성하기 어려운 상황이다.

그리고 국가별로도 배기가스 배출량이 할당되면서 내연기관 차량 판매를 금지하는 법률이 통과되고 있다. 전기차시장의 성장은 지금도 진행 중이다. SNE리서치의 시장조사에 따르면 2030년 전 세계 전기차 판매량을 2,100만 대로 예상하고 있다. 이는 2017년의 20배에 달하는 규모다.

그리고 중국의 전기차산업 보조금 축소도 호재다. 전기차의 수요는 지속되는 상황에서 세계 최대 전기차시장인 중국이 자국 내 보조금을 축소함에 따라, 배터리 성능이 상대적으로 우수한 우리나라 업체의 매출 증가가 예상되기 때문이다.

ESS시장은 태양광, 풍력 등에 대한 관심이 커지는 상황에서 에너지 저장을 위해 반드시 필요하다. 이뿐만이 아니라, 데이터센터의

UPSUninterruptible Power Supply, 무정전 전원공급장치도 반드시 필요하다. 지속적
으로 증가하게 될 전기자동차와 신재생에너지시장이 커질수록 2차전
지의 중요성은 더욱 부각될 것이며, 시장을 선점하려는 기업들의 경쟁
이 치열할 것으로 예상된다.

2차전지의 기본 소재는 양극재, 음극재, 전해질, 분리막이 4대 요소
다. 이들이 생산원가의 60%를 차지한다. 따라서 이와 관련한 소재기
업의 주식을 살펴보는 것이 좋을 것이다.

- **양극재 관련 기업 :** POSCO, 삼성SDI, 포스코켐텍, 한화케미칼, 엘앤에
  프, 에코프로, 코스모화학, 코스모신소재, 휘닉스소재
- **음극재 관련 기업 :** 포스코켐텍, 애경유화, 삼화콘덴서, 대주전자재료,
  일진머티리얼즈, 더블유에프엠
- **전해질 :** 솔브레인, 후성, 씨아이에스
- **분리막 :** SK이노베이션, 톱텍

5세대 이동통신

라스베가스에서 열린 2017년 CSE국제소비자 가전박람회에서 5세대 이동
통신에 대한 관심이 뜨거웠다. 5G는 LTE에 비해 280배 빠른 디운로
드 속도를 갖고 있고, 기존 4G에 비해 응답 속도는 10배 더 빨라졌다.

자율주행차는 많은 양의 데이터를 중앙 서버와 끊김 없이 빠르게 주

고받아야 한다. 이 때문에 기존 4G에서는 응답 속도의 제한으로 불가능했지만, 5G에서는 자율주행을 비롯하여 사물인터넷ı̯о̯т, VR, AR 등의 서비스까지 원활하게 이루어지게 될 것이다.

전 세계적으로도 4차산업의 핵심 인프라인 5G의 상용화를 2019년을 목표로 진행 중이다. 우리나라는 이미 2018년 12월 1일 0시를 기해 기업 고객을 대상으로 서비스를 시작했으며, 현재는 일반인들도 5G 서비스를 제공받고 있다. 이 때문에 향후 5G 관련 네트워크 장비업체들의 수혜가 예상된다.

그리고 2018년까지는 통신사들의 가계통신비 인하 이슈 등으로 인해 매출과 이익이 축소되는 상황이었다. 그러나 2019년에는 이런 악재가 걷히면서 이익이 회복세에 들어갈 것으로 예상된다. 특히 2019년에는 5G 스마트폰이 출시되면서 자연스럽게 증가하게 될 통신비는 이동통신사에게 큰 수익을 줄 것이다.

통신장비 부품업체 역시 수혜가 예상된다. 5G 인프라가 구축됨에 따라 관련 기업의 매출 역시 증가할 것이다. 그러나 이들 업체는 통신사업자 및 정부의 투자 결정에 따라 실적이 갈리기 때문에 관련 뉴스를 잘 살펴야 할 것이다.

- **관련주** : SK텔레콤, LG유플러스, KT, 유비쿼스, 다산네트웍스, 케이엠더블유, 와이솔, 쏠리드, 대한광통신, 오이솔루션, 에이스테크, 서진시스템, 텔코웨어, 이루온, 이노와이어리스, 윈스, 디티앤씨, 모트렉스, RFHIC

게임

우리나라는 세계적으로도 유래 없는 게임 강국이다. 프로게이머뿐만 아니라, 게임산업 역시 선도하고 있기 때문이다. 그러나 2018년 게임산업은 중국 시장 진출 불가 등의 이유로 다소 저조했다. 우리나라 시장만으로는 그동안 성장했던 국내 게임사들의 실적을 충분히 채워주기엔 부족했기 때문이다.

하지만 2019년에는 중국과의 관계 변화에 따라 게임 관련 산업이 재조명될 것으로 기대된다. 중국 정부는 2018년 3월을 마지막으로 신규 판매를 금지했으나, 2019년 1월 중국 내 게임의 판매허가를 일부 승인했다.

이에 따라 조만간 우리나라의 게임도 중국 진출을 기대하고 있으며, 중국 진출이 승인된 게임사에게는 엄청난 수익이 예상된다.

그리고 대형 게임사들의 신작 게임들이 2019년에도 계속 출시 예정이며, 5G 통신 네트워크와 맞물려 기존에는 볼 수 없었던 모바일 게임이 나올 것으로 기대된다.

• **관련주 :** 엔씨소프트, 컴투스, 게임빌, NHN엔터테인먼트, 넥슨지티, 위메이드, 웹젠

엔터테인먼트

방탄소년단이 빌보드 차트에서 큰 인기를 끌었던 것은 싸이의 강남 스타일 이후 한류를 다시 한 번 증명한 사건이었다. 2019년 역시 엔터테인먼트산업은 큰 성장을 이어갈 것이다. 특히 기존에는 일본과 동남아에서 주로 활동했던 것과는 달리, 이번에는 서구 시장으로까지 진출하면서 미국과 유럽을 통해 이전과는 상상할 수 없을 정도의 성장이 기대된다.

엔터주의 상승은 넷플릭스, 유튜브와 같은 온라인 동영상 서비스로부터 시작되고 있다. 이들 서비스는 OTT over the top 라고 하는데 서비스 플랫폼의 확장에 따라 더 많은 콘텐츠가 필요하게 되었기 때문이다.

특히 올해는 월트디즈니와 ST&T까지 OTT시장에 가세하면서 대규모 투자가 진행될 예정이다. 콘텐츠 공급업자들의 경쟁으로 인해 자체 콘텐츠를 보유하고 있는 엔터테인먼트기업들의 수익이 증가할 것이다.

예전의 엔터주들은 소속 연예인의 활동에 따라 수익이 들쑥날쑥했다. 그러나 OTT시장의 성장에 따라 안정적인 매출 증가가 가능해졌다. 에스엠, JYP, YG 엔터테인먼트 3사의 유튜브 매출 합계는 2017년 120억 원, 2018년 180억 원, 2019년 300억 원을 넘어설 전망이다. 이런 추세를 볼 때 콘텐츠를 만들어낼 수 있는 기업들의 성장세가 크게 증가할 것으로 예상된다.

• **관련주** : JYP엔터테인먼트, 에스엠, 와이지엔터테인먼트, 스튜디오드 래곤

제약바이오

2017년의 상승장에서 단연 돋보였던 산업은 제약바이오 분야였다. 적게는 300%에서 많게는 1,000% 이상 급등한 종목들이 쏟아져 나왔기 때문이다.

그러나 상당히 많은 제약바이오업체들의 실적은 적자를 기록하는 경우가 많았으며, 뚜렷한 성과 없이 단순한 기대감만으로 급등한 기업들이 많은 상황이었다.

그러나 2018년 하락장을 통해 어느 정도 기업별로 옥석이 가려지고 거품이 꺼진 상황이 되었다. 특히 하락장 분위기와 연구개발비 회계처리 문제, 삼성바이오로직스 사태가 맞물리면서 제약바이오종목의 인기는 더욱 사그라들었다.

하지만 2019년에는 실적이 가시화되는 기업들이 서서히 나타나게 될 것이다. 특히 임상실험 성공을 가늠하는 시점이 2019년 이후인 것을 보면서, 제약 바이오산업의 선별적 상승이 예상된다.

• **관련주** : 셀트리온, 한미약품, 한올바이오파마, 이수앱지스, 제넥신, 팜스웰바이오, 에이프로젠제약, 코오롱생명과학, ABL바이오, 유한양행,

삼성바이오로직스, JW중외제약, 코미팜, 휴온스, 대웅제약, 녹십자홀딩스, 삼천당제약, 옵티팜, 엔지켐생명과학, 파맵신, 녹십자셀, 차바이오텍, 코오롱티슈진, 메디톡스, 앱클론, 휴젤

증권

2018년은 금리인상과 더불어 증권주의 하락세가 지속되었다. 그러나 증권사에 대한 평가는 투자 심리 위축에 따라 과매도된 상황이다. 실제 증권사의 현 수준은 저평가 상황이며, 2008년 금융위기 시절보다도 실적 대비 낮은 수준이다.

이런 상황에서 만일 다시 증시가 되살아날 경우, 증권 관련주의 상승이 가장 먼저 크게 나타날 것으로 예상된다.

다만 본격적인 거래량 증가와 더불어 펀드 가입자 수의 증가들이 확실히 반영되기까지는 다소 시간이 걸릴지도 모르니, 시장과 업종의 흐름을 살펴볼 필요가 있다.

- **관련주** : 한국금융지주, KTB투자증권, DB금융투자, 유진투자증권, 한화투자증권, 메리츠종금증권, 유안타증권, 미래에셋대우, 삼성증권, NH투자증권, 교보증권, 키움증권, 현대차증권

정치 테마

2020년 4월은 21대 총선, 2022년 5월은 20대 대통령 선거가 있다. 이 선거는 그동안 여당과 정부의 국정 운영을 평가받고, 향후 국가의 정책 방향을 조심스레 짐작해볼 수 있는 중요한 선거다. 특히 총선부터 정치인들이 하나둘 얼굴을 드러내면서 유력 정치인과 연관된 종목들이 크게 요동칠 것으로 예상된다. 그리고 본격적인 대선을 앞두고는 후보 선정에서부터 관련 테마주가 관심을 받을 것이다.

정치 테마는 말 그대로 테마주이며, 네이버 테마에서는 분류하고 있지 않다. 따라서 각종 뉴스와 포털을 통해 정보를 수집하고 선거의 결과를 예측하며 생각해야 한다. 정치 테마주는 주식시장의 상승기나 선도업종과는 상관없이 언제든 부각될 수 있다.

그러나 주식시장 전체를 끌어올릴 정도의 힘은 없다. 시가총액이 작은 종목들이 많기 때문이다. 시가총액이 작은 종목들인 만큼 개별종목별로는 상승률이 엄청날 수 있다. 따라서 관심종목을 미리 선정하여 지켜볼 필요가 있다.

정치 테마와 관련한 종목은 수시로 바뀔 수 있으니 네이버를 통해 직접 검색해야 한다. 시즌별로 유력 정치인, 인기 정치인이 바뀔 수 있고, 해당 정치인과 연관이 있는 테마주도 분위기에 따라 바뀔 수 있기 때문이다.

이때 유력 정치인을 선정하고 관련 종목을 선정했다면 반드시 분산투자해야 한다. 정치인에 따라 관련주가 몇 개씩은 되는데, 이들 테마

주식의 바다에서 서핑하듯 투자하라

주는 급등하는 만큼 급락도 자주 발생하기 때문에 분산투자는 반드시 필요하다.

그리고 정치 성향에 따라 좋아하는 정치인과 관련한 종목에 투자할 수도 있지만, 위험을 분산하기 위해 반대당의 유력 정치인에도 관심을 가질 필요가 있다. 정치 테마주의 상승은 순환하며 발생할 수 있기 때문이다.

· chapter 4 ·

상승장 파도에서 '안전하게 수익 내고 내려오기!'

조금씩 여러 번, 분할매수

지금까지 주식투자하기 좋은 시즌을 찾는 방법, 그중에서도 가장 큰 파도를 몰고 오는 선도업종을 찾아 투자하는 것에 대하여 살펴봤다. 그리고 정말 좋은 시즌이 맞는지 OECD 경기 선행 지수를 비롯한 몇 가지 데이터를 토대로 확인도 하고, 주도업종 관련 증권사 리포트를 통해 공부도 할 것이다. 이 정도만 잘해줘도 여러분은 더 이상 주식 초보가 아니다.

그러나 이렇게까지 힘들고 복잡한 과정을 거쳤건만, 주식이 다시 하락하거나 하여 손해를 보는 경우가 발생할 것이다. 아무리 분석을 잘했더라도 언제든 하락할 수 있다.

'이쯤이면 바닥이 아닐까?'

'이쯤이면 반등장이 시작된 건 아닐까?'

주식의 바다에서 서핑하듯 투자하라

지금도 이런 생각으로 수많은 개인투자자들은 손실을 이어가고 있을 것이다.

주식에서 '적당히', '이쯤이면'이라는 단어는 위험하다. 언제나 최악의 상황을 가정하고 분석하고 살펴야 한다. 그렇게 돌다리도 수십 번 두드려본 다음 매수해야 하는데, 매수할 때도 다시 한 번 리스크를 줄이는 방법을 택하는 것이 좋다.

그 방법 중 한 가지가 분할매수다. 분할매수는 조금씩 여러 번에 나누어 매수하는 것을 말한다. 조금씩 여러 번에 매수하면 된다니 말은 쉽다. 그러나 개인투자자가 실제 투자종목을 앞에 두고 매수 버튼을 클릭하려고 하면 사정이 달라진다. 마치 지금 가격이 최저가이고, 당장 내일부터 엄청난 급등이 있을 것 같기 때문이다.

그러나 생각해보자. 증시가 대세 상승기에 들어섰다면 얼마의 기간 동안 겨우 몇 퍼센트 상승으로 끝나지는 않을 것이다. 따라서 오늘의 가격이 반드시 마지막 기회는 아니다.

주가가 상승하는 것은 오르락내리락 눌림목을 만들면서 상승하기 마련이다. 이런 눌림목 없이 장대양봉 한두 개로 급등하는 종목은 작전주나 급등주일 것이며, 주도업종으로 증시를 이끌어가는 종목이라면 이렇게 한방에 급등하는 모습은 발생하지 않는다.

따라서 좋은 시즌에 주도업종의 종목을 선택하여 여러 번에 분할하여 매수해도 분명히 수익을 낼 수 있다.

개인투자자가 분할매수를 못하는 또 다른 이유는 투자 금액이 너무 적다고 생각해서다. 개인투자자로서 대출 없이 여유 자금으로만 투자하다보면 항상 투자 금액이 너무 작다고 생각될 것이다. 그러나 이것은 몇 백만 원으로 투자할 때도 마찬가지고, 몇 천만 원, 몇 억 원으로 투자 금액이 늘어나도 항상 느끼게 되는 감정이다. 작은 투자금이란 없다. 모두 잃어서는 안 될 소중한 투자금일 뿐이다.

하나의 종목에 100만 원을 투자한다고 생각해보자. 10% 수익이 발생하면 10만 원이다. 별 볼 일 없는 수익금이라 생각하기 쉽다. 그러나 수익률만 생각해보자. 은행 이자와 비교해보면 10%의 수익률은 엄청나게 큰 것이다. 가족 중 누군가가 연 10%의 금리로 사금융 대출 100만 원을 받았다고 하면 펄쩍 뛸 일이다. 그러면서 내가 거둔 10%의 수익은 여전히 초라해 보인다.

생각을 바꿔야 한다. 주식투자를 통해 단 1%의 수익이라도 거둔다면 성공이다. 이런 1%들이 모이고 모이면 엄청난 누적수익률을 만들 수 있고. 복리의 효과도 가지게 된다.

1%의 수익률에 대해서는 'Chapter 5'에서 다시 생각해보자. 작은 수익에도 감사하는 마음으로 투자해야 한다. 중요한 것은 수익금이 아니라, 수익률이다. 특히 주식을 공부하는 입장에서는 더욱 그러하다. 안정적으로 수익률을 유지할 수 있다면, 향후 큰 투자에서도 성공할 확률이 그만큼 높아지기 때문이다.

다시 하나의 종목에 100만 원을 투자한다고 생각해보자. 100만 원이라는 돈이 얼마 안 돼 보일지도 모른다. 특히 매수하고자 하는 종목의 1주당 가격이 높아서 몇 주밖에 못 살 때 더욱 그렇다. 그래도 분산투자는 필요하다. 하루에 단 1주씩만 매수할지라도 분할매수는 필요하다.

　하루에 1주밖에 못 사더라도 안정적은 수익을 위해서는 투자금을 쪼개야 한다. 어떤 종목에 100만 원을 투자할 때, 한 번에 25만 원씩 매수한다면 네 번에 나누어서 매수할 것이고, 한 번에 50만 원씩 매수한다면 두 번의 매수로 끝날지도 모른다. 그렇다고 할지라도 여러 번으로 나누어 매수해야 한다.

　그 이유는 주가를 예측할 수 없기 때문이다. 오늘이 최저가이고 내일부터 급등할 것 같은 종목일지라도 반드시 기회는 한 번 더 온다. 만일 오늘 1차 매수를 했는데 내일부터 급등하게 되면 어떻게 해야 할까?

　그러면 1차 매수했던 금액만큼의 수익을 거두면 된다. 그 정도로 만족하고, 수익이 발생했음에 감사하자. 더 많이 벌지 못한 것에 아쉬워할 필요는 없다. 생각해보라. 지금까지의 손실 경험을 말이다. 1차 매수 이후 급등하게 되면 다음 눌림목을 기다리던지, 아니면 조금씩 분할매수를 진행해도 괜찮을 것이다. 어차피 지금은 좋은 시즌의 주도업종에 해당하는 종목이니 말이다.

　만약 오늘 1차 매수를 했는데 내일 주가가 더 하락한다면 어떻게 해야 할까? 주가가 더 싸졌으니 바로 매수해야 할까?

　일반적으로 하락추세가 한 번 시작하면 방향성을 이어가기 때문에 당분간 매수를 자제해야 한다. 1차 매수한 종목에서 손실이 조금 발생하고 있겠지만, 그래도 투자 금액을 쪼개어 매수한 것이니 그만큼 손실도 줄어들 것이다.

그리고 자주 보유종목의 주가를 살피게 되기 때문에, 다음 반등의 시점을 더 확실히 노릴 수도 있다. 이런 반등 시점을 목표로 2차 매수, 3차 매수를 하면 수익을 키울 수 있게 된다.

그리고 애초에 좋은 시즌의 주도업종에 투자한 것이니, 큰 하락추세보다는 잠시 동안 눌림목을 만드는 흐름일 확률이 높다. 이 책에서 강조하는 투자의 전제는 '좋은 시즌에만 투자한다'이다. 증시의 상승기가 아님에도 불구하고 섣불리 투자했다가 자책하지 말자.

끝으로 다시 한 번 100만 원을 한 종목에 투자한다고 생각해보자. 50만 원씩 두 번으로 분할하여 매수한다고 생각하면 일단 오늘 50만 원어치의 주식을 살 것이다. 그런데 이때도 역시 분할로 매수해야 한다.

요즘 주식시장은 오전 9시에 시작하여 오후 3시 30분에 마친다. 어떤 종목은 오전에 엄청나게 급등했다가 오전 10시 이후부터 하루 종일 내리막길인 경우도 있다. 또 다른 종목은 하루 종일 조금씩 횡보하다가 오후에 급등하여 마감하기도 한다. 그래서 하루 중에서도 여러 번에 나누어 분할매수하는 것이 좋다.

오늘 매수할 금액이 50만 원이라면 오전 중 25만 원, 오후에 25만 원으로 나누어 매수하는 것이 낫다. 그리고 오전에 25만 원을 매수할 때도 시간대별로 한두 번 정도는 더 나눌 수도 있다. 그렇게 주가의 흐름을 보면서 매수하다 보면 급변하는 주가에 휘둘리지 않고 안정적인 투지를 할 수 있게 될 것이다.

지금까지의 분할매수 방법을 정리하면 〈그림 4-1〉과 같다.

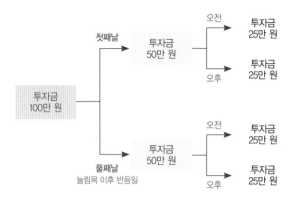

그림 4-1 | 분할매수 방법(예)

1. 투자금이 적더라도 반드시 분할매수를 생각한다.

2. 투자금을 적절히 쪼개어 1차 매수, 2차 매수 등으로 나눈다.

3. 1차 매수를 할 때도 하루 중 여러 번에 나누어 매수한다.

4. 1차 매수 이후 주가가 하락하게 되면 바로 2차 매수하지 말고, 눌림목 이후 반등일에 매수를 생각한다.

리스크를 피하는 안전장치, 분산투자

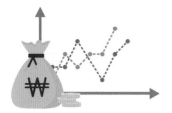

분산투자는 "계란을 한 바구니에 담지 말라."는 이야기로 유명한 투자 방법이다. 그러나 투자금이 적은 개인투자자일수록 몰빵투자하는 경향이 크다. 자신이 직접 분석한 종목에 대하여 사랑에 빠져 버린 것처럼 모든 투자금을 투입한다. 물론 잘되면 가장 큰 수익을 누릴 수 있을 것이다.

그러나 여러 차례의 성공이 있었을지라도 단 한 번의 실패에 크게 무너질 수 있는 것이 몰빵투자다. 분산투자는 가장 많이 버는 방법이 아니라, 리스크를 줄이는 투자 방법이라 생각하면 된다. 지금부터 설명하는 분산투자의 방법은 하나의 에시로 생각하면 좋겠다.

분산투자의 효과는 해리 마코위츠가 〈포트폴리오 선정Portfolio Selection〉이라는 논문을 통해 수학적으로 증명했으며, 이 논문은 1990년 노벨

경제학상을 받았다. 해리 마코위츠는 상관관계가 낮은 업종으로 포트폴리오를 구성하라고 한다. 이것은 서로 관계가 적은 업종으로 분산하라는 것이다.

하지만 필자는 여기에 더하여 분산의 범위를 정했으면 한다. 단순히 상관관계가 낮은 업종들로만 포트폴리오를 구성한다면 어떤 종목은 수익이 나겠지만, 다른 종목은 그렇지 못할 수 있다.

우리는 이 책을 통해 좋은 시즌에 주도업종에 투자하는 것을 이야기하고 있다. 따라서 무작정 상관관계가 적은 업종에 분산하기보다는 그래도 어느 정도 주도업종들로 추려서 분산할 필요가 있다.

예를 들어 건설 경기가 뻔히 나빠질 것으로 예상되는 상황에서 굳이 보유종목들과 상관관계가 적다는 이유로 건설주에 투자할 필요는 없을 것이다. 다음번 건설주가 주도업종이 된 이후에 투자를 시작해도 늦지 않다.

그러면 몇 개의 업종에 분산하는 것이 좋을까?

이것은 한 번의 상승장에 몇 개의 주도업종이 있는지에 따라 달라질 것이다. 반도체와 제약바이오주가 주도했던 시절도 있었고, 대북 경제 협력주들이 시장을 주도했던 시절도 있었다. 각각의 업종들이 서로 순환하며 반복적으로 상승하던 때도 있었고, 이후 긴 시간 동안 하락세를 이어가는 경우도 있었다.

이렇게 주식시장의 모습은 그때그때 달라지기 때문에 투자금을 얼마나 분산해야 할지는 시장 상황에 따라 달라질 것이다.

그렇다고 할지라도 하나의 업종으로 보유종목을 구성하는 것은 몰빵투자나 다름없다. 주도업종이 힘을 잃어버리게 되면 자칫 모든 보유종목이 크게 타격을 입을 수도 있기 때문이다.

따라서 가장 큰 주도업종을 선택하고 2등, 3등의 상승률이 큰 업종도 함께 분석하고 투자해야 그만큼 리스크도 분산된다. 그러나 너무 많은 업종으로 분산하게 되면 주도업종을 찾는 의미가 줄어들 것이므로, 적절히 시장 상황에 맞춰 투자해야겠다.

이때 일반적으로 개인투자자가 종목들을 관리할 수 있는 개수는 대략 20여 개다. 그 이상 넘어가게 되면 보유종목 중 어떤 종목이 하락추세로 전환되었는지 제대로 파악이 안 되어, 관리할 수 없게 되는 경우가 많다.

그리고 주식의 수가 늘어남에 따라 분산위험이 얼마나 줄어드는지 계산해보면, 대략 20개의 종목 이후부터는 분산이 줄어드는 효과가 미미해지는 것을 알 수 있다. 결국 관리가 가능한 20여 개의 종목으로 분산하더라도 위험을 줄이는 효과는 분명히 볼 수 있다는 뜻이다.

또한 각 업종별로도 균등하게 분산해야 한다. 하나의 업종에 너무 많은 종목들이 있고, 나머지 업종을 구성하는 종목은 한두 개 정도로 한다면 이 역시 몰빵투자와 다르지 않다.

만일 3개의 업종에 20여 개의 종목으로 분산한다면 하나의 업종에는 대략 5~7개의 종목으로 구성될 것이다. 이렇게 업종과 보유종목을 나눴다면 투자금 역시 균등하게 분산해야 한다. 공들여 분산투자할 업종과 종목을 나눴지만, 몇 개의 종목에 너무 많은 투자금이 들어간다면 분산투자하는 이유가 없어지기 때문이다.

주식의 바다에서 서핑하듯 투자하라

그런데 이 부분이 제일 힘들다. 어떤 종목과 사랑에 빠지게 되면 다른 종목들은 눈에 들어오지 않기 때문이다. 한없이 좋아 보이는 그 종목, 혼자 10~20배 상승할 것만 같은 기분에 휩싸여서 결국 점점 하나의 종목만 사고 있을지도 모른다. 물론 강하게 오르는 종목이 있을 것이고, 그 종목에 가장 많은 투자금을 넣는다면 제일 큰 수익을 거둘 것이다.

하지만 리스크는 어디에나 존재한다. 여러분의 생각대로 흘러가지 않는 곳이 주식시장이라는 생각을 갖고 항상 리스크에 대비해야 한다. 따라서 아무리 사랑스런 종목이 있더라도 절대로 다른 종목보다 편애해서는 안 된다.

이상을 정리하면 주식투자 자금이 2,000만 원일 경우의 투자 전략은 〈그림 4-2〉와 같다.

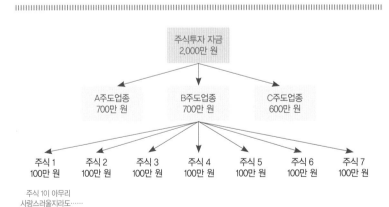

그림 4-2 | 3개 업종 분산투자(예)

1. 투자 자금을 주도업종별로 균등하게 나눈다.

2. 각 업종별 보유 주식 수는 균등하게 할당한다.

3. 각 종목별로는 최초 생각한 투자 금액 이상을 가급적 투자하지 않는다. 아무리 사랑스러운 종목일지라도 말이다.

주식의 바다에서 서핑하듯 투자하라

개별종목 이야기,
좋은 종목과 좋은 타이밍

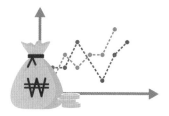

　지금까지는 좋은 시즌을 찾고, 그중에서 가장 큰 파도를 고르는 방법에 대해 생각했다. 여기까지만 해도 절반은 성공이다. 그냥 주도업종에 해당하는 ETF에 적절히 분산투자해도 수익을 거둘 수 있다. 그러나 낮아진 리스크만큼 수익도 줄어들기 마련이다.

　그래서 지금부터는 조금이라도 더 큰 수익을 위해 개별종목까지 살펴보려고 한다. 좋은 시즌과 주도업종이라는 작업을 거쳤기 때문에, 다소의 리스크는 오히려 더 큰 수익을 가져다줄 것이다. 다만 이것은 보수적인 투자자보다는 다소 공격적인 성향의 투자자에게 더 적합한 방법이다.

　개별종목의 선정까지 생각할 때에는 마지막까지 긴장의 끈을 놓지 말아야 한다. ETF의 수익률이 상승을 주도하는 개별종목보다 수익률이 낮을 수도 있는데, 그 이유는 모든 종목이 다 상승하는 것이 아니기 때문이다.

어떤 종목은 상승률을 깎아 먹는데, 이것이 상승장에서도 개인투자자를 손실로 몰아넣는 종목들이다. 그렇기 때문에 개별종목은 언제나 조심하여 투자하고 대응해야 한다.

그러면 이제부터 투자의 바다에서 서핑하는 동안 물에 빠지지 않는 정교한 스킬, 개별종목을 찾는 방법에 대해 살펴보자.

돈을 잘 버는 회사에 투자해야 한다

주식회사란 투자자들의 돈으로 만들어진 회사다. 그리고 투자자들에게 투자한 만큼의 지분을 나누어준 것이 주식이다. 이것을 이해한다면 돈을 잘 버는 회사의 주식을 사야 하는 것이 당연하다. 회사가 돈을 많이 벌게 되면 기업 가치가 상승하게 되고, 자연히 회사 지분의 가치 또한 높아지기 때문이다.

반대로 회사의 사업이 어려워져 돈을 적게 벌거나 적자를 낸다면 기업 가치가 떨어지고, 회사 지분의 증서인 주식 가치도 낮아진다. 이것이 주가가 상승하고 하락하는 기초 원리이며, 가치투자의 시작이다. 그래서 우리는 돈을 잘 버는 회사를 찾고 여기에 투자해야 한다.

그러면 돈을 많이 버는 회사는 어떻게 찾을 수 있을까?

회사가 돈을 많이 버는 것을 확인하려면 먼저 매출액을 확인해야 한다. 매출액은 전자공시시스템DART에서도 확인할 수 있지만, 요즘은 네이버 종목 정보를 통해서도 간단히 확인할 수 있다.

〈그림 4-3〉과〈그림 4-4〉에서 삼성전자와 현대차의 기업 실적 중 빨간 박스의 매출액을 살펴보자. 두 기업 모두 매출액이 꾸준히 늘고 있다. 삼성전자는 200조 원에서 2018년 예상치가 250조 원으로 늘었고,

기업실적분석 더보기 ·

주요재무정보	최근 연간 실적				최근 분기 실적					
	2015.12	2016.12	2017.12	2018.12 (E)	2017.09	2017.12	2018.03	2018.06	2018.09	2018.12 (E)
	IFRS 연결	IFRS 연결	IFRS 연결	IFRS 연결	IFRS 연결	IFRS 연결	IFRS 연결	IFRS 연결	IFRS 연결	IFRS 연결
매출액(억원)	2,006,535	2,018,667	2,395,754	2,509,192	620,489	659,784	605,637	584,827	654,600	664,424
영업이익(억원)	264,134	292,407	536,450	643,382	145,332	151,470	156,422	148,690	175,749	162,412
당기순이익(억원)	190,601	227,261	421,867	485,064	111,934	122,551	116,885	110,434	131,507	125,966
영업이익률(%)	13.16	14.49	22.39	25.64	23.42	22.96	25.83	25.42	26.85	24.44
순이익률(%)	9.50	11.26	17.61	19.33	18.04	18.57	19.30	18.88	20.09	18.96
ROE(%)	11.16	12.48	21.01	21.16	19.24	21.01	22.79	21.77	21.73	

그림 4-3 │ 네이버 증권에서 삼성전자의 기업 실적 중 매출액, 영업이익, ROE   (단위 : 억 원)

기업실적분석 더보기 ·

주요재무정보	최근 연간 실적				최근 분기 실적					
	2015.12	2016.12	2017.12	2018.12 (E)	2017.09	2017.12	2018.03	2018.06	2018.09	2018.12 (E)
	IFRS 연결	IFRS 연결	IFRS 연결	IFRS 연결	IFRS 연결	IFRS 연결	IFRS 연결	IFRS 연결	IFRS 연결	IFRS 연결
매출액(억원)	919,587	936,490	963,761	971,011	242,013	245,008	224,366	247,118	244,337	254,912
영업이익(억원)	63,579	51,935	45,747	28,198	12,042	7,752	6,813	9,508	2,889	8,957
당기순이익(억원)	65,092	57,197	45,464	27,723	9,392	12,879	7,316	8,107	3,060	8,878
영업이익률(%)	6.91	5.55	4.75	2.90	4.98	3.16	3.04	3.85	1.18	3.51
순이익률(%)	7.08	6.11	4.72	2.86	3.88	5.26	3.26	3.28	1.25	3.48
ROE(%)	10.72	8.37	5.92	3.60	6.00	5.92	4.97	4.73	3.87	

그림 4-4 │ 네이버 증권에서 현대차의 기업 실적 중 매출액, 영업이익, ROE   (단위 : 억 원)

현대차의 경우에는 91조 원에서 97조 원까지 늘었다. 모두 증가추세다.

그러나 바로 아래 영업이익을 보면 두 기업의 사정이 달라진다. 삼성전자의 경우에는 매출액 증가와 동시에 영업이익도 큰 폭으로 늘었지만, 현대차는 매출액이 늘었음에도 불구하고 영업이익은 오히려 줄어들고 있다.

영업이익이란 매출액에서 판매비와 관리비를 제외한 금액이다. 현대차는 자동차를 점점 더 많이 팔고 있지만, 벌어들인 돈에서 판매비와 관리비를 빼고 남는 돈이 매년 줄어들고 있는 상황이다.

따라서 기업의 실적으로만 본다면 현대차보다는 삼성전자가 더 좋은 상황이고, 삼성전자의 주가는 현대차와는 달리 계속 상승해야 할 것이다. 하지만 그렇지는 않았다. 주식은 현재뿐만 아니고 미래 예상 실적 그리고 다양한 요소의 영향을 받기 때문이다.

ROE자기자본이익률, Return On Equity도 함께 살펴보자. 이것은 회사의 자본으로 얼마나 이익을 내고 있는지에 대한 결과다. ROE가 높다면 같은 자본으로 더 많은 돈을 벌어들인 것이다. 물론 업종별로 수익률은 다르기 때문에 일괄 적용하기에는 무리가 있다.

그러나 최소한 ROE가 줄어든다는 것은 사업으로 벌어들이는 수익이 점점 줄어들고 있다는 뜻이다. 반대로 매출액, 영업이익과 함께 ROE도 성장한다면 성장주로서 주가에 그대로 반영될 것이다.

삼성전자와 현대차 실적 중 세 번째 빨간 박스인 ROE%를 보자. 현대차의 ROE는 2015년 10.72%에서 2018년 3.6%까지 줄어들었다. 자본을 투입하여 벌어들인 수익률이 점차 줄어들어 은행 이자보다도

204 　　　　　　　　　　　　　　　　　주식의 바다에서 서핑하듯 투자하라

못한 수준까지 이르렀다.

반면 삼성전자의 ROE는 2015년 11.16%에서 2018년 21.16%까지 늘어났다. 투입된 자본을 통해 엄청난 수익을 거두고 있는 것이다. 하지만 2017년과 2018년을 비교해보면 자기자본 이익률의 성장이 멈춘 것을 알 수 있다. 다행히도 여전히 20%가 넘는 ROE를 유지할 수 있다면 괜찮겠지만, 만일 ROE가 줄어들기 시작한다면 주가에도 영향을 줄 것이다.

〈그림 4-5〉와 〈그림 4-6〉의 현대차와 삼성전자 차트를 앞서본 실적들과 비교해보자. 현대차가 2015년 이후 하락과 횡보를 반복하는 것은 매출액과 영업이익의 추세를 생각해보면 당연한 결과라 생각된다.

그러나 삼성전자는 매출과 영업이익이 꾸준히 늘어나고 있음에도 불구하고 2018년 이후 주가가 하락을 시작했다. 삼성전자의 하락 이유

그림 4-5 │ HTS에서 현대차의 2015년 이후 차트

그림 4-6 | HTS에서 삼성전자의 2015년 이후 차트

는 앞에서 살펴본 매출과 영업이익, ROE 영향도 있었다. 하지만 반도체시장 상황과 국내 주식시장의 영향이 더 컸다. 이를 통해 단순히 지금 돈을 잘 벌고 있다고 해도 주가는 하락할 수 있음을 알 수 있다.

그렇다고 돈을 잘 버는 기업의 분석이 불필요한 일일까?

기업의 수익이 주가에 영향을 미치는 전부는 아니라 할지라도 반드시 필요한 요소라는 것을 부정하는 사람들은 많지 않다. 그래서 종목을 살펴볼 때 제일 처음 봐야 하는 것은 매출액과 영업이익이다. 회사가 매출을 올리고 이익을 내는 것은 기본 중의 기본이기 때문이다. 돈을 못 버는 회사에 투자한다는 것 자체가 '투자' 이론에 맞지 않다.

일단 기본이 된 상태에서 다른 것을 분석해야 한다. 만일 기본도 안 되는 상황의 주식, 예를 들어 온통 적자투성이 회사라면 더 이상 볼 가치도 없다. 돈을 못 버는 회사의 지분을 사고 싶지는 않다.

주식의 바다에서 서핑하듯 투자하라

그리고 매출과 영업이익이 매년 감소하는 회사라면 주가도 하락할 것이다. 만일 매출과 영업이익이 감소하는 데도 불구하고 주가가 오히려 오르는 상황이라면 미래의 실적 가치가 크게 성장할 것으로 기대되거나, 작전주이므로 별도의 분석이 필요하다.

따라서 기본적으로는 매출액과 영업이익이 매년 흑자를 내며 증가한 것을 확인한 다음, 다른 사항의 분석을 시작하는 것이 좋다. 이 외에도 더 많은 기본적 분석에 대한 이야기가 있다.

그러나 다소 복잡하므로 가치투자를 원하는 투자자라면 해당 분야의 전문서적을 통해 이해의 폭을 넓히기 바란다. 참고로 책 제목에 '가치투자' 또는 '재무제표'라는 단어가 들어가 있는 책을 살펴보면 도움이 될 것이다.

정리하면 다음과 같다.

1. 돈을 많이 버는 회사를 찾는 것이 기본이다.
2. 네이버 증권의 기업 실적 분석에서 매출액과 영업이익이 증가하고 있는지 확인한다.
3. 매출액과 영업이익의 증가가 반드시 주가 상승을 보장하는 것은 아니지만, 주식투자를 하는 데 가장 첫 단추이므로 반드시 살펴보자.
4. 가치투자나 재무제표에 대한 별도의 책을 읽어보면서 기본적 분석을 이해해보자.

주가가 오르는 타이밍을 이해하는 방법

매매 타이밍은 차트를 통해 이해할 수 있다. 차트란 과거 주가의 흔적일 뿐이지만, 우리는 앞서 주가에도 관성이 있다는 것을 알았다. 따라서 주가가 상승을 시작하는 시점을 확인할 수 있다면 좋은 시즌의 주도업종이라는 요소와 맞물려 수익을 낼 수 있을 것이다.

차트 분석에 대해서는 이미 '업종별 지수 차트 분석'에서 충분히 다루었으니 간략히 설명한다.

먼저 주도업종을 찾았다면, 그에 속해있는 종목들을 하나하나 차트와 네이버를 통해 분석하는 것이 첫 단계다. 산업별 지수에 속해있는 종목이 다소 많을지도 모르지만, 그래도 모든 차트를 하나하나 검색해 봐야 한다.

그림 4-7 | 현대중공업의 일봉 차트에서 MACD, 스토캐스틱 슬로우(5, 3, 3), 이동평균선

주식의 바다에서 서핑하듯 투자하라

이때 개별종목은 일봉 차트를 기준으로 살펴보자. 지수 차트는 주봉 차트로 분석했지만 개별종목의 경우에는 조금 더 자세하게 살펴볼 필요가 있기 때문이다.

차트를 통한 매매 타이밍은 이동평균선과 보조지표를 통해 분석할 수 있다. 보조지표는 MACD, 스토캐스틱 슬로우, 이동평균선을 〈그림 4-7〉과 같이 살펴보면 된다. 보다 자세한 내용은 'chapter 2'를 참고하기 바란다.

1. MACD를 통해 상승추세에서 매수 가능 구간을 확인한다.
2. 스토캐스틱 슬로우에서는 골든크로스를 통해 매수 시점을 판단한다.
3. 스토캐스틱의 기간 설정은 지수 차트에서 10, 6, 6으로 했지만, 개별종목에서 자세히 살펴보기 위해 기간을 5, 3, 3으로 수정하여 분석해야 한다.
4. 이동평균선은 골든크로스 또는 정배열이 가장 좋으나, 이 시기까지 기다리기에는 매수 시점이 조금 늦을 수 있다. 따라서 10일선이나 20일선으로 골든크로스를 향해 가는 분위기를 먼저 살펴본다.
5. 이 외에도 다양한 보조지표가 있다. 차트 분석에 대한 더 자세한 원리와 내용은 차트 분석을 자세히 설명한 다른 책을 참고하기 바란다. 책의 제목에 '차트'가 들어간 것을 찾아보면 된다.

다른 투자자들의 심리를 읽는 방법

다른 투자자들의 심리를 이해하는 것은 투자에 있어서 대단히 중요하다. 그러나 심리를 읽는다고 하여 네이버 종목토론방 같은 곳을 참고하는 것은 아니다. 심리는 거래량에 고스란히 나와 있으며, 거래량과 함께 주가의 지지 여부도 함께 살펴봐야 한다.

심리를 읽는 방법은 여러 가지가 있지만 저항선과 지지선을 먼저 살펴보자. 저항선과 지지선도 차트에서 그려지므로 차트 분석의 영역으로 생각할 수 있지만, 이것은 심리적인 부분이 강하다.

주가가 직접 그려주는 MACD, 스토캐스틱, 이동평균선과는 달리 추세선은 사용자가 직접 그린 선이다. 그리고 많은 투자자들은 이 선에 심리를 담고 투자하고 있다. 저항선과 지지선에 대해서는 'chapter 2'에서 살펴봤으나, 중요한 부분이므로 다시 한 번 개별종목을 통해 복습해보자.

지지선은 역대 저점들을 연장한 선으로 현재의 주가가 지지선에서 잘 지지되고 있는지를 살펴야 한다. 만일 지지선을 깨고 하락 중인 종목이라면 바닥을 알 수 없기 때문에 자칫 손실을 볼 수 있으므로, 하락하는 기간에는 지지선이 의미가 없다.

저항선은 최근 상승장에서 주가가 저항선을 돌파했는지 살펴본다. 저항선은 심리적으로 주가의 상승을 막고 있었던 추세선인데, 이를 상승 돌파했다는 것은 상승할 것이라는 심리가 모여 나타난 결과다.

지지선과 저항선을 차트에 그려보면 〈그림 4-8〉과 같이 나타낼 수

주식의 바다에서 서핑하듯 투자하라

그림 4-8 │ 현대중공업의 일봉 차트에서 지지선과 저항선

있다. 지지받고 반등하는 부분을 통해 우리는 지지선이 살아있음을 알 수 있다. 그리고 저항선에서 상승 돌파에 실패하기도 했지만, 결국 하락하던 주가가 반등에 성공하면서 저항선을 뚫고 상승하는 시점을 알 수 있기도 하다.

이 저항선은 앞서 살펴본 보조지표들과 함께 분석할 때 성공 확률이 더 높아진다.

투자자의 심리는 지지선과 저항선뿐만 아니라, 거래량에서도 나타난다. 만일 주가가 상승할 것이라고 생각하는 투자자가 많다면 상승하는 날의 거래량이 더 클 것이다.

반대로 투자자들의 심리가 주가가 앞으로도 계속 하락할 것이라고 여긴다면, 하락하는 날의 거래량이 더 클 것이다. 이런 것을 지표로 정리한 것이 바로 OBVOn Balance Volume다.

OBV는 미국의 기술적 분석가인 조셉 그랜빌이 만들었다. 이것은 주가가 상장 이후 첫 번째 거래량을 시작으로 매일 매일 누적하여 만들어지는 결과다. 그래서 전날에 비해 주가가 상승하는 날의 거래량은 더하고, 주가가 하락하는 날의 거래량은 OBV 총합에서 뺀다.

결국 OBV의 계산은 주가의 방향에 따라 거래량을 더하거나 빼면서 누적하게 된다. 공식은 다음과 같다.

종가 상승일의 OBV = 전날의 OBV + 오늘의 거래량
종가 하락일의 OBV = 전날의 OBV − 오늘의 거래량

OBV를 분석하는 방법은 지난 며칠 동안의 거래량에서 OBV가 상승했는지를 살펴보면 된다. 특히 반등일을 기준으로 OBV가 함께 상승하기 시작했다면, 상승을 생각하는 투자자들의 심리가 커졌다는 것을 알 수 있다. 〈그림 4-9〉와 같이 여러 가지 지표를 함께 열어두고 분석해보면 좋은 타이밍을 찾는 데 도움이 될 것이다.

이때 주의할 것은 OBV와 주가의 다이버전스OBV는 높아지고 있지만 주가는 하락한 상태를 통해 주가의 상승을 기다리는 경우다. 물론 언젠가는 다시 상승할지도 모른다. 하지만 조금 많이 기다려야 하는 경우도 있다. OBV는 거래량에 대한 보조지표며 주가를 설명하는 것이 아니기 때문이다.

OBV가 꺾이지 않는다는 것은 아직 세력이 대량 매도하지 않았다는 뜻으로도 이해할 수 있지만, 이보다는 주가의 흐름이 우선이다. 따라서

주식의 바다에서 서핑하듯 투자하라

그림 4-9 | 현대중공업의 일봉 차트에서 OBV를 비롯한 차트 분석 결과

주가를 이해하기 위한 보조수단으로 생각하는 것이 좋을 것이다.

개별종목 선정에 대해 정리해보자.

1. 돈을 잘 버는 회사에 투자해야 한다. 이 책에서 설명한 부분으로도 충
   분하지만, 가치투자를 하고 싶은 투자자라면 '재무제표'가 들어가 있는
   제목의 책을 참고하기 바란다.
2. 차트 분석을 통해 매매 타이밍을 파악한다. 차트에 대한 설명 역시 이
   책으로도 충분하다. 그러나 기술적 분석을 통해 투자하고 싶다면 '차
   트'가 들어간 제목의 책을 몇 권 더 읽어보는 것을 추천한다.
3. 심리적 분석을 통해 매매 타이밍을 확인한다.

나쁜 시즌에서도
수익을 내는 방법

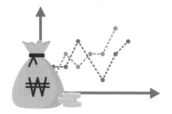

지금까지는 좋은 시즌에만 투자할 것을 당부하면서 좋은 시즌을 찾고 투자하는 방법에 대해 이야기했다. 안정적인 투자 수익을 위해서는 좋은 시즌이 나올 때까지 참고 기다리는 것이 바람직하다. 그전에는 정말 적은 돈으로만 주식시장을 지켜보며 종목을 관찰하는 수준으로만 매매하는 것이고, 그러다가 좋은 시즌이 시작되면 결정적인 순간에 크게 투자하여 수익을 내는 것이다.

그러나 주식시장이라는 것이 항상 좋을 수만은 없다. 시장 전체 흐름을 보면 삼분의 일은 하락하고, 또 삼분의 일은 횡보하다가, 마지막 삼분의 일 구간에서 겨우 상승하는 것이 일반적인 패턴이다. 마침 상승 구간을 발견하게 되면 다행이지만, 그렇지 않은 시간이 더 많다. 그나마 횡보 구간이라면 손실은 크지 않을지도 모른다.

주식의 바다에서 서핑하듯 투자하라

하지만 하락 구간에 투자했다면 투자 손실은 커질 수밖에 없다. 투자를 잠시 쉬어야 하는 기간임에도 주식 매매에 중독이라도 된 것처럼 계속 시세창을 보면서 사고팔기를 반복한다. 하지만 그럴수록 손실은 점점 더 커진다.

이런 상황은 애초부터 조심해야 한다. 하락 구간인 것이 확인되었다면 투자를 멈추고 현금을 보유해야 하는 것이 맞다. 그러나 마음먹은 대로 쉽게 움직여지지는 않는다. 이럴 경우 정말 매매를 하고 싶다면 하락장에서 수익을 낼 수 있는 방법인 인버스ETF지수의 가격이 하락하면 수익이 나는 ETF에 투자하는 것이다.

인버스ETF는 〈그림 4-10〉처럼 삼성자산운용에서 제공하는 KODEX 인버스가 제일 유명하며 거래량도 많다. 이 외에도 네이버에서 ETF를 찾아보면 상당히 많은 종류의 인버스ETF가 있음을 알 수 있다.

그림 4-10 | 삼성자산운용에서 제공하는 KODEX ETF 사이트(https://www.kodex.com/)

인버스ETF도 일반 개별종목과 같이 검색되며 주식계좌에서 매매할 수 있다. 이때 거래량이 많은 ETF를 선택해야 한다. 〈그림 4-11〉처럼 네이버에서 인버스ETF를 검색해보면 146건이나 나오는데, ETF별로는 거래량이 거의 없는 경우도 있다.

거래량이 없다면 매수도 힘들지만 매도는 더 힘들어진다. 거래가 활발해야 내가 팔고 싶을 때 누군가 매수해줄 텐데, 거래량이 없다면 나중에 팔고 싶어도 제값 받고 팔기가 어렵기 때문이다.

거래량이 없는 개별종목을 어떤 이들은 '품절주'라고 한다. 유통 거래량이 적기 때문에 적은 물량으로도 주가의 급등이 쉽게 되는 것에 열광하는 것이다.

그러나 ETF는 상황이 다르다. 따라서 일단은 거래량이 많은 ETF를 선택하는 것이 좋다.

'인버스' 검색결과 (총146건)

국내종목(92) ▼   펀드(54) ▲

종목명	현재가	전일대비	등락률	매도호가	매수호가	거래량	거래대금(백만)
KODEX 인버스 [코스피]	7,000	▼ 40	-0.57%	7,010	7,005	6,173,387	43,002
TIGER 인버스 [코스피]	7,595	▼ 45	-0.59%	7,600	7,595	31,329	236
KOSEF 미국달러선물인버스 [코스피]	10,980	▲ 40	+0.37%	10,990	10,975	85	0
KINDEX 인버스 [코스피]	8,460	▼ 50	-0.59%	8,470	8,460	27,558	231
KODEX 국채선물10년인버스 [코스피]	47,130	▼ 180	-0.38%	47,140	47,130	15	0
KINDEX 일본TOPIX인버스(합성 H) [코스피]	6,040	▼ 75	-1.23%	6,070	6,045	1,809	10
TIGER 원유선물인버스(H) [코스피]	11,535	▲ 325	+2.90%	11,550	11,535	7,125	82
TIGER 차이나CSI300인버스(합성) [코스피]	14,850	▼ 25	-0.17%	14,895	14,820	1,266,841	18,838
TIGER 미국S&P500선물인버스(H) [코스피]	7,115	▼ 75	-1.04%	7,115	7,090	15,357	108
KOSEF 미국달러선물 인버스2X(합성) [코스피]	9,655	▲ 65	+0.68%	9,655	9,645	33,445	322
KINDEX 골드선물 인버스2X(합성 H) [코스피]	6,870	▼ 105	-1.51%	6,870	6,855	1,352	9
TIGER 코스닥150선물인버스 [코스피]	7,165	▼ 55	-0.76%	7,185	7,175	627,202	4,463

그림 4-11 │ 네이버 증권에서 '인버스'를 검색하면 146개의 인버스ETF가 검색된다.

그림 4-12 | 인버스ETF 주봉 차트에서 투자 가능 시기 분석

　　인버스ETF에 투자하는 방법은 앞서 살펴본 좋은 시즌을 찾는 방법
과 동일하다. 〈그림 4-12〉를 보자.

　　좋은 시즌을 찾는 것과 같은 방법으로 차트를 분석해보면 2018년 2
월부터는 인버스투자를 생각할 수 있고, 6월에는 많은 지표들이 인버
스투자에 좋은 타이밍이었음을 알려줬다.

　　그다음 〈그림 4-13〉처럼 OECD 경기 선행 지수를 살펴보자. 2018
년 3월부터는 OECD 평균보다도 낮은 지수를 보이는 데드크로스가
나타나게 되었다.

　　그리고 차트에서 알려준 6월경에는 경기 선행 지수에서 OECD 평
균과의 격차가 더 벌어졌다.

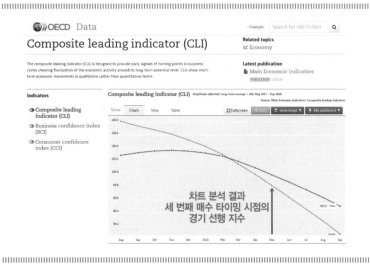

그림 4-13 ｜ OECD 경기 선행 지수(https://goo.gl/vPTKXS)에서 차트 분석 결과 세 번째 매수 타이밍 시점의 경기 선행 지수 흐름

끝으로 〈그림 4-14〉처럼 KDI 보고서를 통해 여러 가지 지수의 변화를 살펴본다. 특히 GDP 및 제조업 성장률을 보면 2018년 들어 크게 하락한 이후, 좀처럼 성장의 모습이 보이지 않고 있음을 알 수 있다.

이런 여러 가지 상황을 살펴보면서 인버스투자의 시점을 가늠해볼 수 있다. 인버스투자 시점을 살펴보는 것은 중요하다. 반드시 인버스ETF에 투자하지 않아도 인버스 지수를 살펴봄으로써, 시장의 분위기를 파악해볼 수 있기 때문이다. 특히 좋은 시즌이 언제 끝날지 불확실한 상황이라면, 인버스ETF의 매수 타이밍이 곧 개별주식의 매도 타이밍이라고 생각하면 도움이 될 것이다.

인버스투자에 대해 정리하면 다음과 같다.

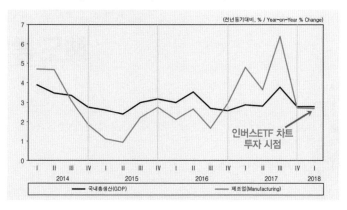

GDP 및 제조업 성장률(2010년 불변가격)
GDP and Manufacturing Sector Growth Rates (at 2010 Constant Prices)

그림 4-14 ┃ KDI(http://www.kdi.re.kr/) 경제 동향 보고서 중 GDP 및 제조업 성장률

1. 대표적인 인버스 차트에서 먼저 추세선을 그어보고 저항선 돌파 여부
   를 살핀다.

2. 인버스 차트에서 보조지표를 보면서 적절한 매수 타이밍을 살핀다.

3. 인버스 차트에서 이동평균선의 움직임을 분석한다.

4. 정말 인버스투자에 좋은 시즌이 된 것인지, OECD 경기 선행 지수와
   KDI 보고서의 경제 동향을 보면서 확인해본다.

수익을 확정 짓는
매도 방법

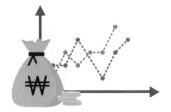

투자 수익은 매도를 통해 결정된다. 아무리 높은 수익을 거뒀다고 하더라도 매도를 통해 현금화하지 않는 이상 확정된 수익은 아니다. 당장 내일이라도 급등하거나 급락할 수 있으니 말이다.

주식투자 수익을 위해서는 오르는 종목을 잘 분석하는 것도 필요하지만, 적당한 때에 잘 파는 것도 중요하다.

성격 급한 투자자의 매도법

투자를 위해 자신의 투자 성향을 알아야 한다. 그래야 마음도 편하고 수익률도 높일 수 있을 것이다. 아직 자신의 투자 성향을 모른다면

주식의 바다에서 서핑하듯 투자하라

소액투자를 통해 찾아보기 바란다.

만일 성격이 급하다면 조금만 하락해도 견디기 힘들 것이다. 그래서 장기투자를 강조하는 사람들은 투자자의 급한 성격을 고쳐야 한다고 말한다.

하지만 사람의 성격이 하루아침에 바뀔 수 있는 것은 아니다. 이것은 마치 옷에 몸을 맞추라는 이야기와 같다.

그래서 급한 성격의 투자자라면 이에 맞는 투자법을 찾아야 한다. 분명 자신에게 잘 맞는 옷이 어딘가에는 있을 테니 말이다. 지금까지는 매수에 대하여 주로 이야기했다. 그런데 매도 방법은 투자자의 성향에 따라 크게 달라진다. 그러면 급한 성격의 투자자는 언제 매도를 생각할 수 있을까?

성격이 급하면 주가가 상승하기 시작하자마자 빨리 팔고 싶어질 것이다. 조그만 수익이라도 얼른 챙기고 다른 종목을 사서 또 수익을 올리고 싶을 것이다.

하지만 다시 잘 생각해봐야 한다. 지금은 이미 좋은 시즌이 시작된 상황이고, 그중에서 가장 상승률이 큰 주도업종을 찾았다. 여기에 주도업종 중에서도 가장 우량하고 성장성이 큰 종목을 다시 검색한 다음, 좋은 타이밍에 매수했다. 이런 종목을 팔고 어디로 가겠다는 것인가?

이것은 주도업종을 버리고 뒤따라오는 다른 업종의 다른 종목을 매수하겠다는 뜻이다. 고급 레스토랑에 가서 애피타이저만 맛보고 난 후 더 이상 음식이 나오지 않을 거라고 걱정하여, 얼른 동네 김밥집을 찾아가는 것과 같다.

매수까지 잘 분석해서 좋은 종목을 찾았지만 대세장의 열매를 조금밖에 못 먹는 꼴이다.

그러니 아무리 성격이 급하더라도 좋은 시즌의 주도업종에서 크게 벗어나는 매매는 조금 신중해야 한다. 물론 대세 상승기에는 여러 업종이 순환하며 성장을 이끌어갈 수 있다. 이 때문에 우리는 앞에서 분산투자를 이야기했던 것이다.

이것은 투자금을 분산하여 여러 업종에 투자하는 것이지, 기존에 잘 가고 있던 종목을 팔고 완전히 갈아타는 것이 아니다. 완전히 갈아타야 하는 경우는 주도업종의 상승세가 크게 꺾이고, 해당 업종의 경기가 하락하기 시작할 때다. 개별종목 몇 개의 등락에 크게 흔들리지 말아야 한다.

성격이 급한 투자자라면 개별종목의 작은 수익에 만족하면서 잦은 매매를 할 것이다. 이때 그나마 수익을 높이는 방법은 일단 상승 중인 종목은 계속 보유하는 것이며, 확실한 투자 원칙이 필요하다. 대세 상승기의 좋은 종목을 샀는데 조그만 등락에 두려워하며 매도할 이유는 없다.

그래도 정 불안하다면 자신만의 매도 원칙을 세우고 지키기 바란다. 앞서 살펴봤던 차트 분석에 대한 내용 중 기본 이론을 〈그림 4-15〉의 삼성전자 차트를 통해 생각해보자.

정리하면 다음과 같다.

주식의 바다에서 서핑하듯 투자하라

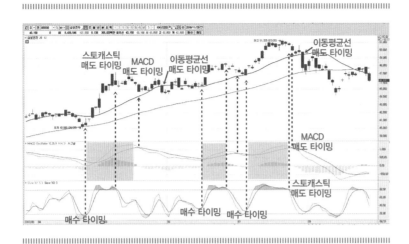

그림 4-15 | 삼성전자의 차트 분석을 통한 단기투자자의 매도 타이밍

1. 스토캐스틱에서 매도 타이밍은 과매수권에서 80선을 아래로 뚫고 내려
   갈 때, 그리고 데드크로스가 나왔을 때다.

2. MACD를 통한 매도 타이밍은 MACD선과 시그널선의 데드크로스가 나
   왔을 때, 또는 MACD선이 기준선(0선)을 하향 돌파했을 때다.

3. 이동평균선을 통한 매도 타이밍은 주가(캔들)가 이동평균선을 하향 돌
   파했을 때, 또는 이동평균선에서 데드크로스가 나왔을 때다.

아직 자신만의 매도법이 없고 위의 설명이 다소 어렵다면, 일단 여
러 가지 방법을 따라 하면서 수익이 잘 나오는 방법을 선택해도 된다.
중요한 것은 어떠한 것이든 원칙과 기준이 있어야 한다는 것이다.

최소한 이 정도의 분석은 거친 후 매도를 결정했으면 좋겠다. 단순

히 몇 %의 상승에 도취되어 얼른 팔아 버리게 되면, 자연스럽게 다른 종목에 눈이 갈 수밖에 없다. 그러다 결국 주도업종이 아닌 전혀 다른 종목을 매수하게 되고, 예전보다 전혀 발전하지 못한 투자자로 남게 될 것이다.

성격 급한 투자자의 매도법을 이야기하는데, 왜 차트를 중심으로 이 야기하는 것인가. 그 이유는 잦은 매매로 인해 장기투자가 어려우며, 단 기투자하는 데 있어서는 아무래도 차트 분석이 더 유효하기 때문이다.

물론 기본적 분석을 통해 기업의 실적과 호재를 살필 수도 있지만, 이런 내용들은 최소한 한 개 분기 이상의 기간 동안 서서히 나타나는 효과다. 따라서 최소한 차트만이라도 분석해보고 나름의 기준을 세워 보길 바라는 마음에서 차트를 중심으로 설명한다.

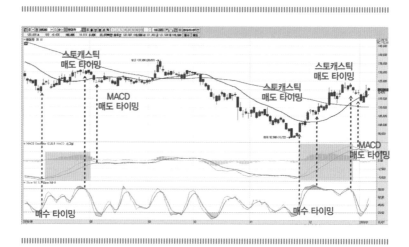

그림 4-16 | 현대차의 차트 분석을 통한 단기투자자 매도 타이밍

주식의 바다에서 서핑하듯 투자하라

〈그림 4-16〉의 현대차 차트를 보며 다시 살펴보자. 스토캐스틱과 MACD를 통해 매수 타이밍을 잡았다면, 마찬가지로 이들 지표가 꺾이는 지점을 분석하여 매도 시점을 생각할 수 있을 것이다.

정말로 매도하고 싶어서 손이 근질거린다면 어쩔 수 없다. 매도하자. 하지만 다른 종목을 새로 매수할 때에는 최소한 앞서 분석했던 틀 안에 있는 종목으로 투자 대상을 한정시켜야 한다. 아니면 상승하는 추세가 시작하는 것을 보고, 같은 종목을 조금 더 낮은 가격에서 다시 매수해도 괜찮을 것이다.

아래 소개된 여러 단계의 분석을 반복적으로 거치게 되면, 주식투자에서 손실의 가능성을 크게 줄일 수 있을 것이다.

정리하면 다음과 같다.

1. 좋은 시즌이 아직 끝나지 않았는지를 살핀다. 지수 차트의 상승이 계속 이어지는지도 확인해보자. 그리고 인버스ETF가 매수 타이밍이 아닌지도 살펴보자.

2. 여전히 좋은 시즌이라면 주도업종이 계속 상승을 이끌어가는지 살펴보자. 여전히 좋은 시즌이고 주도업종이 상승 중이라면 조금 기다려야 한다.

3. 매도를 결심했다면 최소한의 원칙을 세우고 그에 따른 매매를 한다.

4. 매도 후 다른 종목을 매수하는 것은 주도 업종 내의 종목으로 한정하고, 다시 분석 과정을 거친 후 매수한다.

장기투자자를 위한 매도법

자신의 성향이 느긋한 투자라면 긴 시간 동안 보유하는 것을 생각하고 있을 것이다. 좋은 시즌에 주도업종에 분산투자했다면 평균적으로 큰 수익을 거둘 수 있다. 그러나 장기투자할 때의 문제는 주식투자에서 관심이 떠나 버릴 수 있다는 것이다. 이것은 단기투자자와 정반대의 경우다. 주식투자하면서 가끔 이런 말을 들을 수 있다.

"이 종목에 묻어두면 크게 오를 거야."

미래 예측은 누구도 할 수 없음에도 막연히 주가가 크게 오를 것으로만 기대하는 경우다. 투자는 그냥 묻어두고 잊어버린다고 하여 성공하는 것이 아니다. 이것은 장기투자를 잘못 이해하고 있는 것이다.

실제 장기투자하는 사람일지라도 분기별, 또는 연단위로 보유종목을 리밸런싱한다. 기업의 실적이 발표된 후 실적과 경기를 분석하여 보유종목의 대상군을 교체하는 작업이다. 아무리 장기투자라고 할지라도 기업의 경기나 성장이 죽어 버린 상황에서 끝까지 믿고 가져가는 것은 아니다.

따라서 성격이 느긋한 투자자, 투자 시간이 부족한 투자자, 장기투자자일지라도 매월 또는 분기별로 시장을 다시 분석할 필요가 있다. 이때 종목과 시장을 다시 분석하는 방법은 기술적, 기본적 분석 방법을 모두 사용할 수 있다.

첫 번째 방법은 차트에서 보여주는 변화를 감지하여 대응하는 방법이 있다. 장기투자자는 주가의 등락에는 크게 신경 쓰지 않을 것이므

주식의 바다에서 서핑하듯 투자하라

로, 개별종목도 주봉 차트로 확인하는 것이 좋다. 그리고 이때 차트에 추세선을 그려보는 것이 중요하다.

우리는 좋은 시즌을 찾을 때 주가가 저항선을 상승 돌파한 것을 신호로 삼았다. 매도 타이밍은 이와 반대로 주가가 저항선을 하향 돌파할 때를 신호로 삼으면 된다. 주봉 차트에서 지지선이 깨지게 된다면 투자자들의 심리가 크게 꺾인 것으로 봐도 되기 때문이다.

주봉 차트에서 이동평균선도 도움이 된다. 차트에서 주봉이 20주나 60주 이동평균선을 하향 돌파하거나, 또는 20주 이동평균선과 60주 이동평균선이 데드크로스로 하락하게 되면 하락추세로의 전환을 생각해볼 수 있다.

〈그림 4-17〉의 삼성전자 차트를 보면서, 주봉 차트에서 느긋한 투자자의 매도 타이밍을 생각해보자.

그림 4-17 │ 장기투자자의 매도 타이밍을 위한 차트 분석

두 번째 방법은 인버스ETF를 함께 살펴보는 것이다. 만일 인버스ETF
의 주봉 차트에서 매수하기 좋은 시즌이 된다면 개별종목의 상승세가
둔화되었거나 꺾인 것으로 판단할 수 있기 때문이다.

위의 삼성전자 매도 타이밍과 〈그림 4-18〉의 KODEX 인버스의 타
이밍을 비교해보기 바란다. 인버스의 매수 시점은 개별종목의 매도 시
점이다. 대략 2018년 6월 전후에 서로 매도와 매수 타이밍을 알려주
고 있다. 물론 개별종목에 따라 인버스ETF와 별개의 움직임을 보일
수 있다는 것을 유의해야 한다.

세 번째 방법은 개별종목의 실적을 확인하는 기본적 분석이다. 이를
위해서는 매 분기별 발행되는 보고서와 업황에 대한 정보를 분석해야
한다. 먼저 보유종목의 실적이 전 분기, 또는 전년 동기와 대비하여 상
승추세가 둔화되거나 하락했다면 매도를 고려해야 하는 시기다. 물론

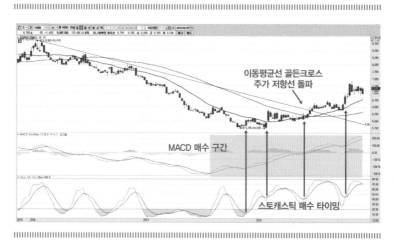

그림 4-18 | Kodex 인버스ETF의 매수 시기 판단을 통한 주식 매도 시기 판단

주식의 바다에서 서핑하듯 투자하라

실적이 꺾였다고 하여 바로 주가가 하락하지 않을지도 모르지만, 일단 매도의 관점에서 주가와 기업 실적을 분석해야 한다.

그리고 아무리 개별종목의 실적이 좋다고 해도 해당 기업의 업황이 부정적이라면, 역시 주가도 하락할 가능성이 높아진다. 업황에 대한 정보는 네이버 산업 분석 리포트와 HTS의 업종 차트를 통해 분석해보자.

끝으로 증권사의 보고서, KDI의 경기 동향과 더불어 각종 뉴스와 지표들을 살펴보면서 조금 더 큰 관점에서 경기의 순환을 생각해볼 수도 있다. 제아무리 실적이 좋은 개별종목일지라도 전체 경기가 하강 국면에 들어서면 주가의 하락을 피할 수 없다.

따라서 경기 변동에도 항상 유의하면서 보유종목을 관리해야 한다. 물론 경기 순환을 개인투자자가 정확하게 분석하고 이해하기는 어렵다. 그렇다고 할지라도 최소한의 보고서를 읽어보며 경기 순환에서 현재의 대략적인 위치를 짐작해보고, 보유종목의 전체적인 하락세가 강해졌다면 일단 경기 하강을 의심해볼 필요가 있을 것이다.

손실을 줄이기 위한 손절법

대부분의 주식 책에서는 손절매에 대해 말하기를 꺼린다. 자신이 설명하는 투자법을 잘 따른다면 손실을 보지 않을 것이라고 생각해서일까?

하지만 누구도 미래는 예측할 수 없으며, 모든 것은 확률이다. 아무리 완벽한 분석을 하더라도 급변하는 모든 정세를 다 이해하고 예측하여 대응하기란 대단히 어렵다. 물론 장기투자자라면 그냥 5년이고 10년이고 기다리다 보면 언젠가는 다시 제 가격을 찾을 수도 있을 것이다.

하지만 돈이 굴러가는 효율을 높이기 위해 지금도 열심히 이 책을 읽고 있는 여러분은 분명 뭔가 더 획기적인 투자 성공 방법을 찾고 있는 것이 분명하다. 획기적인 투자 성공 방법은 없다는 것을 뻔히 알고 있으면서 말이다.

그러나 투자의 성공 확률은 높일 수 있다. 아무런 분석 없이 투자하는 것은 도박과도 같은 행동이다. 반면 분석이 하나둘 늘어가면서 점차 제대로 된 투자자의 모습으로 바뀌게 된다. 뭔가 가치를 지닌 대상에 대하여 자신이 투자한 이유를 명확히 설명할 수 있게 된다면, 더 이상 도박이 아니라 투자의 영역이다. 이때 분석의 기법들이 정교해지면서 성공 확률은 점점 높아질 것이다.

지금 설명하고자 하는 손절법은 투자의 성공 확률을 높이기 위한 방법은 아니라 언제 발생할지 모를 실패 확률을 줄이는 방법이다. 그리고 투자의 성공 확률을 높이고, 실패 확률을 줄이는 노력을 하면 결국 최종 수익은 높아질 것이다.

손절매는 오를 것으로 기대하고 매수한 주식이 하락하게 되었을 때 생각하게 된다.

'지금 팔아야 할까?'

　　　　　　　　　　　주식의 바다에서 서핑하듯 투자하라

'조금 더 보유하면 만회할 수 있을까?'

이런 여러 가지 생각을 파랗게 물든 계좌를 보면서 하루에도 열두 번씩 할 것이다. 손절매를 하는 방법은 두 가지가 있으며, 이 두 가지를 적절히 조합하여 상황에 따라 활용하는 것이 좋다.

첫째, 일정 손실 구간이 오면 무조건 매도하는 것이다. 예를 들어 -5%의 손실이 났다고 하면 일단 매도하고 다음번 상승 시 다시 매수하거나, 아니면 아예 다른 종목을 매수할 수도 있다. 이것은 일정 부분 기계적으로 수행하는 매매 방법이다.

장점은 단순한 원칙에 따라 매매를 하게 되므로 크게 마음을 쓸 일이 줄어든다. 그러나 단점은 조금 큰 눌림목을 만나 잠시 동안 하락하는 종목임에도 그냥 매도해 버림으로써 자잘한 손실이 누적될 수 있다.

둘째, 매도 타이밍이 찾아왔을 때다. 우리는 앞서서 매도 시점에 대해 이미 살펴봤다. 차트에서 여러 가지 매도 신호가 발생하게 된다면 비록 손실 구간일지라도 손절매를 할 필요가 있다.

예를 들면 장대음봉, 데드크로스 등은 강력한 매도 신호다. 이런 하락의 징후가 뚜렷함에도 계속 보유하는 것은 손실을 키우고 투자금을 묶어둬 다른 투자의 기회를 날려 버리게 될 것이다.

그리고 앞서 살펴본 '성격 급한 투자자의 매도법'과 '장기투자자를 위한 매도법'의 매도 타이밍도 있다. 여기에서 살펴봤던 각종 매도 타이밍이 온다면, 매도를 하는 것이 대부분의 경우 손실을 줄일 수 있는 최상의 기회가 된다.

워런 버핏의 투자 원칙과 같이 투자했다면 반드시 수익을 거둬야 한다. 하지만 그게 말처럼 쉬운 것만은 아니다. 아무리 완벽한 분석일지라도 주가 방향은 예측할 수 없기에, 여러 개의 종목에 분산투자하면서 위험을 분산하는 것이다.

이때 분산투자하면서 위험을 줄였더라도 다시 한 번 손절의 타이밍을 생각하면서 손실을 줄일 필요가 있다. 위험이 분산되었다고 하더라도 새는 구멍을 막지 않는다면 모든 수익이 날아가 버릴지도 모르기 때문이다. 따라서 자신만의 손절 원칙을 세우고 철저히 지킬 필요가 있다.

부디,

이 책을 읽는 독자 분들은

주식투자의 바다에서

파도를 거슬러 헤엄치지 말고,

파도를 타고

서핑하듯 투자하여

반드시 성공 투자하시기 바랍니다!

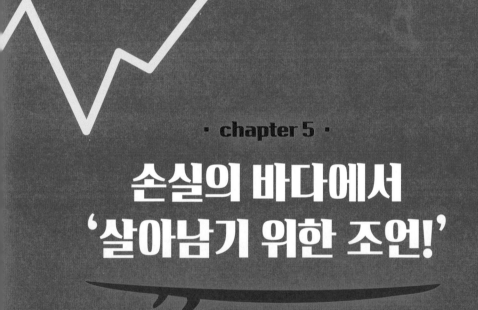

· chapter 5 ·

손실의 바다에서
'살아남기 위한 조언!'

주식시장의 혼란을 극복하는
정액 매입법

세상에 공짜는 없다. 뭔가를 얻기 위해서는 그만큼 다른 것을 포기해야 한다. 투자도 마찬가지인 것 같다. 투자 수익이란 주식을 분석하는 노력과 더불어 손실을 볼 수 있다는 리스크를 짊어진 결과다. 때로는 너무 힘들고 벅차다.

그래서 이 책에서는 누구나 성공할 수 있는 대세 상승기에만 투자할 것을 당부하고 있다. 하지만 이마저도 이해하고 실행하기 힘든 투자자가 있을지도 모르겠다.

그렇다고 방법이 없는 것은 아니다. 주식 분석이 어렵고 리스크를 이겨내기 힘든 개인투자자도 할 수 있는 투자 방법이 있다. 벤저민 그레이엄의 《현명한 투자자》에서 소개하는 정액 적립식투자 방법이 그것이다. 그는 이 책을 통해 정액 매입법이 개인투자자에게는 가장 좋

주식의 바다에서 서핑하듯 투자하라

은 방법이라고 소개한다.

그레이엄은 1929~1952년까지 정액 매입법을 통해 투자한 결과, 배당수익을 제외하고 20.5%의 수익을 거둘 수 있었다. 그래서 그는 "주가의 어떤 변화에도 상관없이 정액 매입법만큼 궁극적인 성공이 확실한 투자 방법은 없다."라고 하며, 이런 투자 방법을 '자동항법장치'라고까지 비유했다.

시장의 변화와는 상관없이 단순한 하나의 투자 방법만으로도 궁극적으로는 수익을 낼 수 있을 테니 말이다.

정액 매입법은 주식시장이 매일 오르락내리락 흔들리더라도 혼란을 극복할 수 있는 투자법이다. 그저 매주, 매월 또는 매 분기마다 시장의 상황과는 상관없이 계속 사면 된다. 지금 주식시장 상황이 좋이 않다고 하는데도?

그냥 계속 사야 한다. 시장의 미래는 알 수 없다는 전제로 만들어진 투자 방법이기 때문에, 시장 상황과는 상관없이 꾸준히 매수하는 것이 중요하다. 주가가 더 떨어지면 바닥에서 매수할 것으로 기대했지만, 바로 그때가 주가의 최저점인 경우였음을 뒤늦게 후회하지 않도록 말이다.

계속 똑같은 금액정액을 계속 매수한다는 뜻은 주가가 하락하게 되면 더 많은 주식을 살 수 있고, 주가가 오르면 살 수 있는 주식 수가 줄어드는 결과를 낳게 된다. 그렇게 주식을 정액으로 매집해 보유하는 것이다.

물론 정액 매입법도 어느 정도 분석은 필요하다. 최소한 살만한 가치가 있는 주식, 수십 년간 상장폐지 당할 위험이 적은 주식을 골라야 하기 때문이다. 그리고 리스크를 줄이기 위해서는 분산투자를 통해 각기 다른 업종의 포트폴리오를 구성해야 한다.

그레이엄도 이 투자 방법의 어려움을 알고 있다. 수십 년 이상 흔들리지 않고 시장 상황과 상관없이 꾸준히 투자할 수 있는 사람이 없다는 것이다. 더욱이 성격이 급하거나 당장 돈이 필요한 투자자라면 쉽사리 도전하지 못할 것이다.

장기투자가 말로는 쉽지만 엄청나게 긴 시간 동안의 고통을 견뎌야 하기 때문이다. 그러나 일단 성공하게 된다면 엄청난 수익이 가능한 투자법이기도 하다.

〈그림 5-1〉은 최근까지 큰 폭으로 하락세를 보인 현대차의 투자 시뮬레이션이다. 적금 누적액은 30년간 매월 100만 원씩 연 3% 이율로 저축을 계속한 결과다. 그리고 누적 주식평가액은 매월 현대차에 100만 원씩 투자했을 때의 결과다.

20~30년 전의 고금리 시절까지 정확하게 반영했다면 적금 누적액은 더 커졌을 것이다. 하지만 그렇다고 하더라도 주식투자만큼의 수익이 가능했을까?

벤저민 그레이엄의 정액매입법 결과를 보면 알 수 있다. 한때 누적 주식평가액이 30억 원을 넘어섰을 때도 있었다. 비록 현재는 현대차 주가가 많이 낮아져서 15억 원 정도가 된 상태이지만, 이것은 단순 저축만으로는 달성하기 힘든 투자 결과다.

노력 없는 수익은 없다. 지금 당장 수익을 누리기 위해 주식투자를

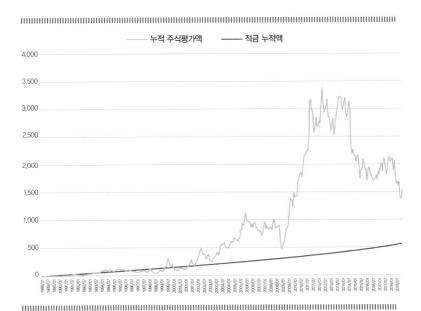

누적 주식평가액 ——— 적금 누적액

그림 5-1 │ 현대차에 매월 100만 원씩 30년간 투자했을 때의 수익 비교(노란색선 : 누적 주식평
가액, 빨간색선 : 적금 누적액)   (단위 : 백만 원)

공부하고 분석하여 투자하든지, 아니면 긴 시간 동안 정액 매입법을
통해 먼 훗날 수익을 누리든지 무엇이든 자신만의 방법을 찾아 투자를
시작해야 한다.

그리고 이것은 옳고 그름이 아니라, 선택의 문제다.

자신만의 매매법을
만들어라

어떠한 경우에도 수익을 거둘 수 있는 완벽하고 만능인 매매법은 없다. 매수 타이밍도 그때그때 다르고, 매도 타이밍 역시 상황과 종목에 따라 달라질 수 있다. 그래서 다양한 상황에 대응하기 위해 더 많은 사례를 공부하고 분석하는 방법을 배우는 것이다. 그렇게 자신만의 매매법을 만들어야 한다.

자신만의 매매법이란 종목 선정, 종목 분석, 매수 타이밍, 매도 타이밍 등을 포함하는 자신만의 방법을 뜻한다. 얼핏 보면 누구나 같은 방법을 쓸 것 같은데, 자신만의 매매법이라고 하니 애매할지도 모른다. 그러나 사람은 누구나 다르기 때문에 투자 방법 또한 달라질 수 있다. 그리고 한 명의 투자자일지라도 매매법은 여러 가지가 있을 수 있다.

주식의 바다에서 서핑하듯 투자하라

슈퍼개미 전업투자자 남석관 씨가 여러 가지 매매법을 통해 2008년 금융위기의 기간에도 꾸준히 수익을 냈듯이, 쉬지 않고 꾸준한 수익을 거두기 위해서는 다양한 투자법이 필요하다.

그러나 우리 모두가 슈퍼개미가 될 수는 없다. 슈퍼개미 전업투자자처럼 일 년 내내 매매하며 계속 수익을 올릴 수도 없을 것이다. 그러나 이 책에서 이야기하는 좋은 시즌만큼은 여러분도 충분히 수익을 낼 수 있다. 좋은 시즌에 주도업종의 좋은 종목을 잘 고를 수만 있다면 누구나 수익이 가능하다.

그렇다고 할지라도 자신만의 매매법은 있어야 한다. 앞서 매도법을 설명하면서, 급한 성격의 투자자와 느긋한 성격의 장기투자자가 다른 매도법을 적용하는 것에 대해 이야기했다. 어디 성격뿐이겠는가. 근무환경, 주식투자 시간, 관심, 주식에 대한 지식 정도, 이해 수준, 분석 수준, 인내력, 긍정적 마인드 등 수많은 요소가 사람마다 모두 다르기 때문에 자연히 매매법 또한 달라질 수밖에 없다.

스스로 주식을 분석하고 투자하며 그 결과에 책임지는 것에 대하여 이야기하다보면, 자연히 주식종목 추천 서비스를 빼놓을 수 없다. 주식종목 추천 서비스를 받아본 경험이 있는가?

똑같은 종목을 같은 타이밍에 알려줘도 투자자마다 거둘 수 있는 성과는 모두 다를 것이다. 누군가는 조금 늦게 매수할 때도 있다. 늦게 매수하는 것이 나쁜 것만은 아니다. 오히려 눌림목에서 평단가를 낮출 기회가 될지도 모르기 때문이다. 또 어떤 이는 분할매수를 잘해서 여러 번에 걸쳐 안정적인 투자를 할지도 모른다.

하지만 같은 종목을 추천받아도 당일 주가의 최고점에 매수했다가, 잠시 동안의 등락을 견디지 못하고 연거푸 손절만 계속하는 투자자도 있을지 모른다.

주식종목 추천 서비스가 좋고 나쁘다는 이야기를 하려는 것은 아니다. 기본적으로 투자라는 것은 자신이 스스로 분석하고 그 투자에 대한 책임을 져야 하는 것이다. 남이 사라고 하는 종목이 있더라도 남 탓하지 않고 자신이 투자 결과에 책임질 수 있다면 얼마든지 이용해도 괜찮다.

그러나 주식투자를 공부하고 이해한 투자자라면 충분히 그들과 같은 방법을 통해 주식투자를 할 수 있다. 참고로 다음 표와 같이 정리해 보면서 자신만의 매매법을 만들어볼 수 있을 것이다.

: 자신만의 매매법 만들기(예) :

1. 매수 방법

항목	내용	가중치(점수)
재료(뉴스, 공시, 호재) 분석 결과		
실적, 재무 분석 결과		
차트 분석 결과		
: : :		
결과		점

주식의 바다에서 서핑하듯 투자하라

2. 매도 방법

항목	내용	가중치(점수)
목표수익률 달성 여부		
재료(뉴스, 공시, 악재) 분석 결과		
실적, 재무 분석 결과		
· · ·		
결과		점

　매매법이란 자신만의 매수 방법과 매도 방법을 정하는 것이다. 매수를 위해 주로 살펴보는 종목군, 뉴스, 기사, 정보 출처에서 시작하여 분석 방법, 분석툴을 결정한다. 그리고 각각의 정보 출처를 통해 자신이 판단한 매수 근거에 의해 매수하면 된다.

　매도 방법은 이 책에서도 잠시 언급했지만, 이보다 더 구체적으로 정해둘 필요가 있다. 언제 어떤 상황이 되었을 때 매도한다는 것을 미리 정해놔야 제대로 된 투자가 될 수 있다.

　결론은 자신만의 매매법을 만들어야 한다는 것이다. 그래야 흔들리지 않는다. 누군가 종목을 추천해주고, 온갖 뉴스에서 호재를 이야기할지라도 자신만의 매매법이 확고하다면 딱! 그 방법으로만 투자하기 바란다. 자신이 만든 경기장에서 자신만의 룰로 싸우다보면 언제나 승리할 수 있을 것이다.

사람보다는
로봇이 돼라

사회가 각박해질수록 사람들은 정情에 목말라한다. 뉴스에서는 돈 몇 푼에 인간성을 상실한 이야기가 많아질수록 가슴이 따뜻한 사람을 그리워한다. 정이 넘치는 세상, 인간으로서 존중받는 사회를 바라는 마음은 누구나 같을 것이다.

그러나 주식투자할 때에는 사람보다 로봇이 유리할 때가 많다. 투자에서 발생하는 실수를 돌이켜보면 중요한 사항을 누락하고 잘못된 분석이 원인인 경우도 있고, 심리적으로 흔들려 실수하는 경우도 많다. 그러나 단순히 지정된 룰에 따라 움직이는 로봇이라면, 이런 실수들을 최소화할 수 있을 것이다.

2016년 3월 9일, 세기의 대결이 서울에서 진행되었다. 바로 프로 바둑기사 이세돌 9단과 알파고와의 바둑 대결이다. 5일간 진행된 5번의

주식의 바다에서 서핑하듯 투자하라

대국에서 이세돌은 인공지능 알파고에게 단 한 번의 승리만 했을 뿐, 나머지 네 번의 대국에서는 알파고가 승리했다. 그후 알파고는 전 세계 프로 기사들과의 대국에서 단 한 차례도 패하지 않았다.

이때 주식시장은 온통 인공지능 관련주들이 관심을 받기도 했다. 알파고가 이세돌 9단을 이길 수 있었던 것은 감정이 없는 컴퓨터가 모든 경우의 수를 계산하여, 최선의 자리에만 바둑돌을 놓았기 때문이다.

우리는 알파고가 될 수는 없다. 그래도 최소한 감정에 흔들리지 않으면서 모든 경우의 수를 분석해야 한다. 그렇게 최선의 자리를 판단하여 투자할 수만 있다면 실수를 최대한 줄일 수 있을 것이다.

《인공지능 투자가 퀀트》의 저자 권용진 씨는 피츠버그 로봇공학연구소에서 인공지능을 연구하다가 월스트리스에 입성한 프로그래머다. 그가 말하는 지금의 월스트리트 주식 거래는 85%가 인공지능이며, 세계 최고의 투자자는 워런 버핏이 아니라 르네상스 테크롤로지스의 사장인 제임스 사이먼스라고 한다. 이미 월스트리스마저 사람보다 인공지능 알고리즘이 더 나은 성과를 내고 있음을 증명하고 있다.

이쯤 되면 모든 투자를 인공지능에게 맡기고 사람들은 그냥 편하게 놀고먹으면 되는 것으로 생각할지도 모르겠다. 하지만 월가의 투자회사들은 자신들만의 인공지능 프로그램을 철저한 보안으로 관리하고 있으며, 각 인공지능들은 서로 더 나은 투자 성과를 위해 경쟁하고 있는 상황이다. 투자의 세계에서는 모두가 윈윈 하는 경우는 없다. 내가 비싼 가격에 파는 것을 누군가는 사줘야 거래가 이루어지기 때문이다.

인공지능 투자가 세상을 장악하고 있는 마당에 우리 같은 개인투자자들이 어찌 이길 수 있을까?

절대 트레이딩 기술로는 시장을 이길 수 없다. 이런 상황이기에 개인투자자는 그나마 좋은 시즌이 되어 모든 종목들이 일제히 상승하는 순간에만 투자해야 겨우 수익이 가능할 것이다.

로봇은 감정이 없다. 감정에 휘둘리지 않는다. 그러나 사람은 감정에 쉽게 흔들린다. 기분 좋은 날은 주식이 조금 하락하더라도 느긋하게 기다릴 수도 있고, 조급한 날은 주가가 조금만 올라도 얼른 팔고 싶어진다.

분명히 좋은 시즌을 확인하고 모든 경제지표가 상승을 이야기함에도 불구하고, 보유종목이 조금 횡보하면 지루함을 못 견디고 매도하기도 한다. 그러나 꼭 팔고 나면 상승하는 종목을 보면서 아쉬움과 미움의 감정이 복받친다. 애초에 기본 원칙이나 룰은 잊은 지 오래다.

자신만의 매매법이 중요하다는 것은 앞서 생각해봤다. 이것은 자신만의 매매 원칙과 룰을 만든다는 뜻이다. 기본적으로 차트에 활용하는 기법이나 공식은 있다. 하지만 이런 기법 중에서 어떤 것을 선택하고 엮어서 자신만의 매매법을 만들지는 오롯이 투자자의 몫이다. 이 책에서 설명하고 있는 여러 가지 매매법 또한 단지 필자의 투자 방법일 뿐, 똑같이 따라 할 필요는 없다. 그저 참고만 하면 된다.

똑똑할 필요도 없다. 매매법이 어려울 필요도 없으며, 누구에게 보일 것도 아니기에 화려하지 않아도 된다. 하지만 자신만의 매매 원칙은 반드시 필요하다. 물리학자 아이작 뉴턴처럼 똑똑한 사람이라면 주

주식의 바다에서 서핑하듯 투자하라

식도 잘했을까?

뉴턴은 신대륙 금광 투기 열풍에 따라 주식에 투자했지만, 결국 큰 손해를 보면서 이런 말을 남겼다.

"천체의 움직임은 측정할 수 있지만, 주식시장에서 인간의 광기는 도저히 예상할 수가 없다."

뉴턴은 자신만의 매매 원칙이나 이를 철저히 지키는 투자 방법이 아니라, 주변 투자자들의 광기에 휩쓸려 함께 따라 들어간 경우다.

하다못해 다트를 던지는 것도 원칙이라면 원칙이었을까?

실제 스웨덴의 투자 전문가 다섯 명과 침팬지의 주식투자 대결이 있었다. 이때 침팬지는 다트를 던져서 종목을 골랐다. 한 달 뒤 실적을 비교해보니 침팬지의 성과가 더 좋았다. '다트에 맞는 종목을 매수한다'라는 단순한 원칙 때문이었을까? 어쨌거나 룰을 지키는 것은 중요하다 물론 이 당시 침팬지가 우연히 급등주를 맞추었거나, 아니면 아무 종목이나 매수해도 괜찮은 좋은 시즌이 아니었나 생각해본다.

중요한 것은 어렵사리 매매 원칙을 만들었다면 철저하게 지키는 것이다. 매매 원칙이 입력된 인공지능 로봇이라 생각하고 말이다. 물론 시장 상황은 다양하게 변한다. 그런 상황에 맞춰 매매 원칙이라는 테두리 안에서 적용하는 것은 인공지능 로봇이 된 투자자의 역량일 것이다.

꾸준히 공부하라

공부한다고 주식투자를 잘하게 되는 것은 아니다. 주식투자와 관련한 책을 많이 읽어본 투자자라면 각 보조지표들이 무슨 의미를 지니는지 알고 있을 테지만, 수익률은 영 신통치 않을 수도 있다. 주식 공부가 반드시 수익을 안겨다주는 것은 아니기 때문이다.

그럼에도 주식투자를 하려면 공부는 반드시 필요하다. 주식을 공부한 투자자가 반드시 수익을 내는 것은 아니지만, 수익을 꾸준히 내는 투자자는 주식투자에 대해 많이 알고 있다. 투자 지식이 전부는 아니지만, 반드시 필요한 요소 중 하나임에는 틀림없다.

이지성 작가는 《리딩으로 리드하라》를 통해 독서의 중요성과 고전古典 읽기를 이야기했다. 필자가 이 책을 읽으며 생각한 것은 비단 고전뿐만 아니라, 독서 전반에 걸쳐 효과가 있을 것이라고 생각한다.

주식의 바다에서 서핑하듯 투자하라

두뇌의 수준은 한 사람이 읽는 책의 수준과 같다. 그래서 역사상 위대한 천재들이 남겨둔 고전을 읽으면 그들과 같은 생각을 공유하게 되는 것이고, 이 과정에서 자연히 독자의 뇌에 좋은 영향을 주게 될 것이다. 만일 이것을 주식투자에 그대로 적용시켜보면 어떻게 될까?

투자자의 수준은 읽고 있는 주식 책의 수준과 같게 될 것이다. 기본적인 투자서를 읽게 된다면 보통의 투자자가 될 것이다. 하지만 벤저민 그레이엄, 워런 버핏, 피터 린치와 같은 사람들의 책을 읽어보면 그들의 투자법을 이해하는 만큼 성장할 것이다. 자연히 주식투자에서 성공할 수 있는 가능성 또한 그만큼 커지게 된다.

《완벽한 공부법》의 저자 고영성 작가는 뇌의 가소성에 대해 이야기한다. 우리 뇌는 공부하는 만큼 그 방향으로 성장하고, 사용하지 않는 부분은 점차 줄어든다. 주식투자를 공부하라고 하면 이런 생각을 하는 투자자도 있을 것이다.

'나이가 많고 머리가 굳어서 공부는 힘들어요. 지금 공부를 시작한다고 해서 언제 다 배워서 수익을 낼 수 있을까요?'

이런 생각을 하면서 그냥 돈으로 해결하려고 한다. 수십만 원에서 수백만 원의 정보이용료를 지불하고 투자 정보를 바란다. 그러나 그렇게 구입한 투자 정보가 'X인지 된장인지' 제대로 구분할 지식이 없다면 꼼짝없이 당하기 쉽다. 최소한 남이 하는 주식 이야기가 맞는 말인지 틀린 말인지 정도는 구분할 수는 있어야, 겨우 투자를 시작할 수 있는 걸음마 단계를 뗀 것일 뿐이다.

우리 뇌는 쓰면 쓸수록 뉴런의 연결이 많아진다. 한마디로 똑똑해지는 것이다. 나이가 들어 머리가 굳었다는 변명은 그동안 머리를 쓰지 않고 살았다는 말이다. 그러나 그렇게 굳어 버린 머리일지라도 다시 쓰기 시작하면 살아난다. 죽을 때까지 뇌는 성장하도록 창조되었기 때문이다.

만일 우리의 관심이 주식투자에 쏠려 있고, 여러 가지 책을 읽으면서 배운 투자 방법을 자신의 매매에 적용해보며 트레이닝을 하다보면 차차 수익을 낼 수 있는 뇌로 바뀌게 될 것이다.

주식투자 방법은 얼마 되지 않는다. 차트 보는 방법과 재무제표 읽는 방법 정도면 끝나기 때문이다. 그리고 이런 것을 모두 공부한 다음에도 평생 공부해야 하는 것이 있다. 바로 경제와 산업, 업종 전반의 흐름을 읽고 이해하는 것이다.

기업의 보고서를 읽고, 증권사 리포트를 읽는 것도 공부라면 공부라 할 수 있다. 기업을 이해하고 경기 상황을 이해하는 작업이다. 보유종목에 무슨 호재가 있고, 향후 돈은 계속 잘 벌 수 있는지 판단하기 위한 자료들을 탐색하고 공부해야 한다.

주식 책을 많이 읽었음에도 여전히 수익률이 신통치 않았던 투자자라면, 실제 종목과 시장에 대한 공부가 부족했는지 생각해볼 부분이다.

1% 수익의 가치를
이해하라

요즘 힘들어진 세상살이는 옛 속담마저 바꿔 놓았다.

"티끌모아 티끌!"

티끌은 아무리 모아 봐야 얼마 되지 않는다는 말이다. 월급 300만 원인 직장인이 급여의 50%를 저축한다면급여의 50% 저축은 엄청난 노력임을 우리는 잘 알고 있다. 한 달에 150만 원이고, 1년이면 1,800만 원, 10년이면 1억 8천만 원이다. 향후 10년간 급여가 상승할 것이지만, 그만큼 집안 대소사를 비롯해서 씀씀이도 커질 것이기 때문에, 현실적으로 2억 원을 모으게 된다면 큰 성공이다.

2억 원이라는 돈은 엄청난 금액이다. 하지만 10년간 뼈를 깎는 노력으로 알뜰살뜰 모았음에도 아파트 한 채 마련할 수 없다. 그러다보니 티끌은 아무리 모아 봐야 티끌이라는 말이 나온 것이다.

하지만 주식투자에서 티끌의 위력은 엄청나다. 특히 수익 1% 가치는 우리의 상상을 뛰어넘는다. 월급 300만 원인 직장인이 급여의 50%인 150만 원을 주식투자를 통해 매월 1%씩만 수익을 올리게 된다면 어떻게 될까?

10년간 저축을 했을 경우 은행 이자를 감안하더라도 1억 8,500만 원 정도가 된다. 그러나 같은 월급을 주식투자로 매월 1%의 수익을 꾸준히 거뒀다면 10년 후에는 3억 4,500만 원으로 거의 두 배나 된다.

이것은 주식투자가 복리투자이기 때문이다. 주식투자로 불어난 수익금은 다시 재투자되어 더 크게 불어날 수 있다. 복리로 재산이 불어나기 때문에 10년 차 이후에도 한해 한해가 다르다. 10년 차 3억 4,500만 원이었던 자산은 11년 차에 4억 700만 원으로, 12년 차에 4억 7,000만 원, 13년 차에는 무려 5억 5,800만 원으로 불어나게 된다. 대출 없이 서울에 아파트를 살 수 있을 정도다.

복리투자와 관련하여 72의 법칙이 자주 등장한다. 복리투자로 자산이 두 배로 늘어나는 시간을 계산하는 방법인데, 72를 수익률로 나누면 자산이 원금의 2배가 되는 기간이 나온다. 1% 수익률로 원금이 자산의 2배가 되는 시점은 72개월이 된다72 ÷ 1% = 72개월. 즉, 투자를 시작하여 6년째가 되면 원금의 2배가 된다는 것이고, 이후 수익은 기하급수적으로 증가한다.

매월 1%의 주식투자 수익과 연 3%의 적금을 비교해보면 〈그림 5-2〉와 같이 시간이 흐를수록 그 격차는 엄청나게 커진다.

우리가 1% 수익을 중요하게 생각해야 할 이유가 한 가지 더 있다.

주식의 바다에서 서핑하듯 투자하라

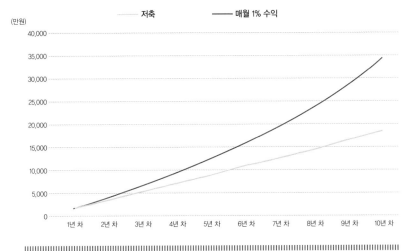

그림 5-2 │ 저축과 매월 1% 주식투자 수익의 결과 비교(빨간색선 : 1% 누적 수익, 파란색선 : 저축)
(단위 : 만 원)

《승자의 뇌》의 저자 이안 로버트슨은 우리 뇌가 승리의 쾌감을 기억한 다고 한다.

예를 들어 권투경기를 생각해보자. 권투선수들은 시작부터 약한 상 대를 찾아 경험을 쌓는다. 그런데 이때 기대하는 것은 단순히 전적을 쌓는 것이 아니라, 승리의 쾌감을 통해 선수를 더욱 강하게 키우는 것 이다. 승리를 경험하게 된 선수는 그다음 경기에서도 당연히 이길 수 있다는 자신감이 생기게 된다. 자신감은 역량을 최대한 이끌어주는 원 동력이 된다.

실제로 미국의 프로 권투선수 마이크 타이슨이 권투를 시작할 당시, 프로모터인 돈 킹은 그에게 첫 번째와 두 번째 경기를 쉽게 이길 수 있는 약한 상대로 배정해줬다. 타이슨은 두 경기에서 아주 쉽게 KO승을 거두게 되었고 세 번째 경기도 승리할 수 있다는 자신감에 차 있었다. 그러나 세 번째 경기는 더 이상 쉬운 상대가 아닌 WBC 세계 챔피언이었다. 그럼에도 타이슨은 3회전에서 KO승을 또다시 거두게 되었고 챔피언이 되었다.

매번 손실을 보는 투자자와 매번 1%씩이라도 수익을 보는 투자자가 있다. 매번 손실을 경험했던 투자자라면 아무리 분석을 잘했더라도 잠시 동안의 주가 등락에 크게 불안해할 것이다. 심리적으로 위축된 투자자는 손절하거나, 혹은 수익을 내더라도 크게 상승할 종목에서도 적은 수익에 만족하며 매도할지도 모른다.

반면 매번 수익을 보는 투자자라면 이전과 같이 분석을 잘할 것이고, 심리적으로 안정된 투자를 통해 수익을 극대화시킬 수 있을 것이다. 물론 자만심은 경계해야겠지만, 그래도 승자의 뇌를 갖기 위해서는 연속된 수익 경험이 중요하다.

1%는 티끌 같아 보이지만 결코 무시할 수 없는 수익률이다. 주식으로 크게 한탕하려는 욕심에서 벗어날 수 있고, 제대로 된 복리의 효과도 누릴 수 있으며, 승자의 뇌를 가진 투자자로 성숙시켜줄 것이다. 그러니 아직 수익률이 변변치 않은 투자자라면, 우선 1% 수익률을 목표로 시작해보자.

주식의 바다에서 서핑하듯 투자하라

도박과 투자의
경계를 지켜라

투자에 대해 무지하거나 보수적인 투자자일수록 주식투자를 도박의 연장선에서 생각하는 경우가 있다. 그러나 2017년 암호화폐가 뉴스를 통해 널리 알려지게 되면서 '차라리' 주식투자는 정당한 투자라고 생각하는 사람들이 많아진 것 같다. 주식투자를 도박의 연장선으로 간주하는 사람들은 왜 그런 생각을 하게 되었을까?

아마도 확률, 즉각 반응하는 투자베팅 결과, '대박'에 대한 꿈 때문인 것 같다. 주식과 도박에 대해 생각해보고 주식투자할 때 주의점을 살펴보자.

첫째, 확률은 주식과 도박에서 모두 중요한 요소다. 도박은 전형적인 확률게임이다. 카지노 같은 곳은 사람들이 승리할 확률을 교묘하게 50% 미만으로 설정해뒀다. 그래서 처음엔 조금 따는 듯 싶다가고 밤

새 베팅을 하다보면 결국 모든 돈을 날리게 되는 것이다.

주식투자 역시 확률이 중요한 요소다. 기업이 돈을 잘 벌고, 재무적으로도 우수하며, 주가의 차트도 상승하는 경우라면 향후 주가가 오를 '확률'이 높을 것이다. 그러나 단지 '확률'이 높다는 것이지, 반드시 주가가 오르는 것은 아니다. 갑작스런 경제위기, 외국인의 이탈, 국제적 금융이슈, 환율 등 다양한 요소로 인해 아무리 좋은 기업일지라도 갑자기 주가가 하락하는 경우도 있다.

그러면 확률의 측면에서 볼 때 도박과 주식투자 모두 같은 부류가 될 수 있을까?

도박은 카지노가 이길 확률로 교묘하게 조작되어 있다. 확률이 조작된 상황이다. 그리고 카지노에서 승률을 높이기 위해 카드카운팅과 같은 정당한 분석을 한다면 퇴장을 당할지도 모른다. 그냥 생각하지 말고 돈을 잃으라는 무언의 압력이다. 하지만 주식투자에서 확률은 조작할 수 없다. 물론 세력이 주가를 움직일 수는 있겠지만, 이 역시 모두 투자 분석의 영역에서 확인이 가능하다.

도박과 투자가 확률게임임에도 서로 다른 이유가 있다. 도박은 아무 가치 없는 사건의 '확률'에 돈을 베팅하는데 반해, 주식투자는 기업 성과를 분석하여 좋은 기업의 주주가 되는 행위라는 것이다.

도박은 아무런 가치가 없지만 누군가는 이기게 되어 있는 확률만이 존재하는 세상이다. 반면 주식투자는 실존하는 기업을 주식만큼의 가치로 나누고 이것을 사고파는 행위다. 이것이 도박과 주식투자가 모두 확률 싸움이지만 서로 다른 점이다.

둘째, 도박과 주식투자를 생각할 때 즉각 반응하는 결과를 생각해볼 수 있다. 부동산의 경우 좋은 매물을 샀다가 향후 가치가 올라서 팔게 될 때까지 아주 오랜 시간이 걸린다. 반면 도박과 주식투자는 돈을 넣은 후 반응하는 속도가 아주 빠르다. 도박의 경우에는 짧게는 몇 초에서 길어도 채 몇 분이 되지 않는다. 돈을 베팅한 다음 바로바로 나오는 승패의 결과에 따라 짜릿함을 느끼는 도파민에 중독된다.

주식투자 역시 돈을 넣은 후 바로바로 결과가 나온다. 데이트레이딩이나 스켈핑 같은 매매 방법도 순간순간 변화하는 주가의 등락에 돈을 베팅하는 것과 같다. 물론 이 경우 도박과 같은 원인으로 주식 매매에 중독될 수도 있다. 이 부분은 특히 주의해야 한다.

주식투자 매매에 중독되면 매수와 매도 행위가 중요하게 된다. 오르는 종목임에도 팔고 싶어서 견딜 수 없게 되고, 조금만 내려도 재빨리 손절해 버린다. 그러다 보면 자연히 손실도 누적될 수밖에 없다. 따라서 자신이 도박 중독자처럼 주식 매매에 중독된 것은 아닌지 돌아볼 필요가 있다. 심리적으로 안정된 상태에서 큰 그림에서의 투자 모습을 그려보고 원칙을 지키는 투자를 해야 할 것이다.

끝으로 일확천금의 꿈을 생각해볼 수 있다. 이것은 어느 투자나 마찬가지일 수도 있다. 누구든 자신의 투자베팅로 큰돈을 벌고 싶어 하는 것은 같은 마음일 테니 말이다.

도박은 적은 돈을 베팅하더라도 확률에 따라 수익금이 달라진다. 경마의 경우 승률이 높게 예상되는 경주마일수록 수익금이 낮아지는 것처럼 말이다. 높은 수익금을 위해서라면 승리의 확률이 낮은 쪽에 베팅을 해야 한다. 그래서 도박하는 사람들은 자신이 원하는 승리와 상금을 고려하여 적당한 지점에 베팅할 것이다.

주식투자를 통해서도 단기간 큰 수익을 거둘 수 있다. 신라젠 같은 경우 2017년에 15배 이상 급등하기도 했다. 이런 종목들을 하나둘 경험하게 되면 점점 많이 오를 종목들만 쫓아다니게 된다. 그러다 결국 기업과 주식 분석은 멀리하고 급등할 종목들만 찾다가, 결국 상장폐지 직전의 종목에까지 손댄다. 기업의 가치를 떠나 일확천금만을 노리는 행위는 주식을 도박으로 하는 것이므로 주의해야 한다.

하지만 기대 수익이 높은 종목이 무조건 위험한 것만은 아니다. 그만큼 크게 성장하는 좋은 기업인 경우도 많기 때문이다. 만일 주식이 도박이라면 오를 것으로 기대하기 힘든 적자기업의 수익률이 높고, 돈을 잘 버는 흑자기업의 수익률이 낮아야 할 것이다. 그러나 주식은 엄연한 '투자' 영역이기 때문에 좋은 기업의 수익이 좋은 경우가 많다.

무엇이 도박이고 무엇이 투자인지 경계가 모호할 때가 있다. 그러나 이것은 확실하다. 주식을 도박처럼 하면 결과도 도박처럼 흘러가게 될 것이다. 최소한 도박으로 성공했다는 사람은 없다.

하지만 주식을 투자로 생각하고 좋은 기업을 분석하여 매매한다면 분석의 수준과 결과에 따라 수익을 거둘 수 있을 것이다. 도박의 마지막은 대부분 안 좋지만, 투자를 통해 성공한 사람은 의외로 많다. 주식투자를 하는 동안 자신의 매매가 도박인지 투지인지 생각해보자.

주식의 바다에서 서핑하듯 투자하라

아무도 가르쳐주지 않는
주식계좌 운용 방법

"왜 이래? 아마추어 같이!"

예전 모 개그맨의 유행어다. 물론 아마추어라고 하여 모두 실력이 떨어지거나, 프로라고 하여 모두가 고수는 아닐 것이다. 하지만 왠지 아마추어라고 하면 조금은 '초보'의 이미지가 강하다. 그러면 주식투자에서 프로와 아마추어의 경계는 무엇일까? 금융권에서 일하거나 전업투자를 한다고 하여 모두가 프로일까?

인터넷에서 펀드별 수익률을 보면 마이너스 수익을 내고 있는 펀드가 줄줄이 나올 것이다. 국민연금만 하더라도 2018년 1월에서 8월까지의 수익률은 -5.14%로써 8조 원 가까이 손실을 봤다. 국내 최고의 프로들이 모인다고 해도 파도가 지나간 다음의 하락장에서는 어쩔 수 없었을 것이다.

반대로 개인투자자라고 해도 모두가 아마추어는 아니다. 하락장에서도 누군가는 꾸준히 수익을 낼 것이라 생각한다. 하다못해 그냥 현금으로라도 보유하고 있다면 원금은 보존 될 테니 괜찮다.

개인투자자들도 프로가 되고 싶다. 정식 프로는 아닐지언정 프로로 인정받을 만큼의 수익률은 유지하고 싶다. 이를 위해 지금도 이 책을 읽고 있는 독자 여러분은 다양한 매매법을 공부하고 있을 것이다.

지금 설명하려고 하는 것은 매매법은 아니다. 계좌 운용법이다. 계좌 운용이라고 하니 조금은 실망하거나 무시할지도 모른다. 하지만 주식계좌 운용 방법은 그 어느 책이나 강의에서도 알려주지 않는 가장 강력한 수익 보존 방법이다. 이 내용 한 가지만으로 책 한 권을 써도 될 정도이니 말이다.

주식계좌를 운용하는 다음의 두 가지 방법을 제시한다.

좋은 시즌을 찾기 위한 주식계좌 운용 방법

이 책에서는 좋은 시즌을 찾고, 증시의 상승기에만 투자할 것을 강조한다. 증시의 하락 시기에는 주식시장에서 관심을 조금 멀리했다가, 다시 상승기가 오게 되면 조금씩 투자를 시작하는 것이다. 그래서 지수 차트를 활용하는 방법에 대해 설명했다.

그러나 매일 아무런 소득도 없이 지수 차트를 확인만 하기는 조금 감이 떨어질 수 있다. 그리고 하락 시기라고 하여 증시에 관심이 조금이라도 멀어지게 된다면 본격적인 반등의 시기를 놓칠 수도 있다. 그렇게 되면 그냥 기회를 날려 버리게 된다. 혹은 뒤늦게 매수에 동참했다가 손실을 보기도 한다. 따라서 꾸준히 증시에 관심을 가지면서 하락 시기를 버티는 방법을 소개하고자 한다.

바로 여러 개의 주식계좌를 활용하는 것이다. 일단 증시 하락 시기가 되면 계좌의 보유종목은 거의 대부분 정리하는 것이 좋다. 이때 1년 이상의 장기투자 보유종목은 장기보유계좌로 이체해둔다. 이를 위해 주식계좌는 여러 개를 미리 만들어둬야 한다. 최근에는 비대면 주식계좌 개설이 쉽게 되니 수수료가 무료이거나 싼 곳을 찾아서 여러 개를 만들어두자. 장기운용계좌의 종목은 기업의 근본적인 업종 상황이나 실적이 크게 하락하지 않는 한 꾸준히 보유하면 된다.

그다음 자주 사용하는 계좌에서 관심종목을 매수한다. 하락장에 종목을 매수하라니 조금 이상하게 들릴지도 모르지만, 그냥 딱 1주씩만 매수해두면 된다. 한 종목당 1주라면 크게 부담이 안 될 것이다. 최근 관심을 받고 있는 종목, 향후 상승할 업종의 종목들을 고루 분산하여 1주씩 20~40종목 정도를 추려보자.

물론 이 종목들 역시 꾸준히 수익을 잘 내는 좋은 기업, 그리고 업종을 대표할 수 있는 시가총액을 가져야 한다. 업종별 종목을 고르는 방법은 네이버 증권의 '업종'과 '테마'를 활용하면 된다.

관심종목을 1주씩 보유하며 시장을 관찰하자. 그렇게 계좌에 1주씩 여러 개의 종목을 담고 있다면 가끔이라도 관심을 갖고 한 번씩 계좌를 열어 보게 될 것이다. 그리고 하락 시기가 길어진다고 해도 큰 부담은 없다. 설사 50만 원짜리 주식 1주에서 -30%의 손실이 날지라도 15만 원 정도의 손실만 보면 되기 때문이다. 현황 파악을 위한 종목들이라면 대부분 몇 천 원에서 10만 원 이내의 종목들일 것이다.

1주짜리 계좌의 수익률이 하락에서 상승으로 반전을 보인다면 투자를 생각해보자. 이때부터 지수 차트를 본격적으로 다시 분석해보면 된다. 그리고 평소 지켜보던 업종의 종목들이니 어느 곳에서 가장 상승이 크게 발생하는지를 살펴보면서, 주도주도 자연스럽게 찾을 수 있을 것이다.

여러 업종과 테마에 걸쳐 관심종목이라는 '그물'을 던져두고 '상승 시기'가 낚이기를 기다리면서 그물만 확인해보면 편하게 투자할 수 있다. 내 돈이 한 푼이라도 들어가 있는 것과 아닌 것은 관심의 차이가 하늘과 땅 차이다. 그리고 이런 노력과 관심이 모여 프로가 될 것이다.

심리적 안정과 수익률 극대화를 위한 주식계좌 운용 방법

좋은 시기에 좋은 종목에 투자해야 수익이 생기는 것은 당연하다. 그런데 주식계좌 운용만 잘해도 수익률은 높아진다. 이것은 수익이 난 상태에서 계좌 운용을 통해 안정적으로 수익을 챙기는 방법이다.

다음의 '나수익' 씨 투자 일기를 보면서 혹시 여러분두 비슷한 상황은 아닌지 생각해보자.

주식의 바다에서 서핑하듯 투자하라

■ 4월 3일

드디어 오늘 수익이 났다. 며칠 전에 매수했던 종목이 갑자기 급등하기 시작했다. 어쩌면 이 종목으로 큰돈을 벌게 될지도 모른다. 이렇게 생각하는 이 순간에도 벌써 수익률은 10%를 넘고 있으니 말이다.

■ 4월 15일

어제에 이어 오늘도 역시 상승 중이다. 벌써 30% 정도 수익이다. 역시 상승 시기에 제일 잘 오르는 종목에 투자하라고 하더니, 내가 종목을 고르는 안목이 있었던 것 같다. 이 투자 방법이라면 은퇴도 멀지 않은 것 같다.

■ 5월 4일

어제 조금 하락했다. 너무 급하게 오른 터라 조정인줄 알았었는데…….
오늘은 갑자기 큰 폭의 하락이 발생했다. 한순간이지만 일중 30%까지 올랐던 수익률은 이제 15%도 간당간당하다. 하지만 아직은 큰 수익 구간이고, 또 이 기업의 실적과 호재를 믿기에 조금만 기다려보려고 한다. 분명 이전보다 더 크게 상승할 것이다.

■ 5월 10일

오늘 갑자기 크게 빠진다. 최근 전반적인 증시가 조금은 조정을 받는

것 같긴 한데, 내 종목은 유달리 더 크게 빠지는 것 같다. 아직은 3%

대 수익 구간이긴 하지만, 그동안 잃어버린 30% 정도의 수익이 자꾸

후회된다. 욕심내지 말고 그냥 팔아 버릴 걸.

그래도 아직 본전이니 괜찮다. 그동안의 수익은 그냥 없었던 셈 치자.

이제부터라도 다시 오르면 된다. 한 번 30% 갔던 종목이니 이번엔

60%까지 상승할 수 있을 것이다. 그나저나 내일은 올라야 할 텐데.

■ 5월 21일

에잇! 왜 오늘도 빠지는 거야? 다른 종목들은 오르는데 말이야. -2%인

데 손절을 해야 하려나? 그래. 이런 종목은 내 스타일이 아닌가보다.

빠른 손절도 고수로 가는 지름길이라 했으니 일단은 손절이다. 이런 잡

주는 앞으로 쳐다보지도 않으련다.

결국 그 종목은 다음날부터 다시 오르기 시작했을지도 모른다. 이런

경험을 하면서 마음 아파한 적이 있는가?

그렇다면 반드시 지금 설명하는 계좌 운용 방법을 공부해야 한다.

그동안 주식계좌를 여러 개 운용하라는 말은 들어본 적이 있을 것이

다. 하지만 대체 어떤 방식으로 여러 계좌를 운용해야 하는지에 대해

자세히 알려주는 곳은 없었을 것이다. 그래서 주식계좌 활용 방법 중 안정적으로 수익을 챙기는 방법에 대해 설명하려고 한다.

그림 5-3 │ 첫 번째 계좌에서 수익이 발생하여 1,000만 원 → 1,100만 원이 되었다.

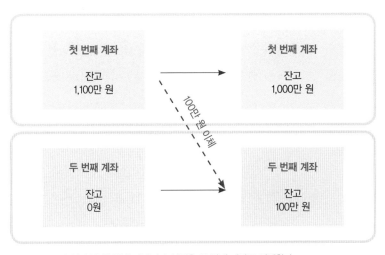

그림 5-4 │ 수익이 난 첫 번째 계좌의 수익금은 두 번째 계좌로 이체한다.

주식계좌 운용의 기본은 첫 번째 계좌의 수익금을 두 번째 계좌로 옮기는 것이다. 예를 들어 1,000만 원을 운용하는 주 계좌가 있다고 해보자. 이 계좌를 잘 운용하여 〈그림 5-3〉처럼 10%의 수익이 발생하여 1,100만 원이 되었다.

수익 금액인 100만 원은 〈그림 5-4〉처럼 두 번째 계좌로 이체한다. 보유종목이 너무 좋아서 계속 오를 것 같다면 그냥 주식 대체출고주식도 _{이체할 수 있다. 자세한 방법은 각 증권사에 문의하자}를 한 뒤, 두 계좌에서 같은 종목을 보유해도 된다. 다른 종목에 투자하고 싶다면 100만 원만큼의 주식은 매도 후 두 번째 계좌에서 다른 종목을 매수하면 된다.

그러면 첫 번째 계좌는 비록 주식 수는 줄었지만 보유 금액은 여전히 1,000만 원 운용계좌인 것이고, 두 번째 계좌는 100만 원이 생겼다. 그렇게 첫 번째 계좌는 계속 1,000만 원을 유지하고, 수익이 발생하면 두 번째 계좌로 이체를 계속한다.

그래서 두 번째 계좌의 원금은 첫 번째 계좌에서 보내준 돈만큼이 된다. 그리고 두 번째 계좌에서 수익이 난다면, 이는 또 다시 세 번째 계좌로 옮긴다. 이런 방식으로 계좌를 계속 늘려 가게 된다면 수익 또한 계속 늘어날 것이다.

추가 수익이 발생하게 되는 경우를 〈그림 5-5〉를 보면서 생각해보자. 만일 첫 번째 계좌에서 200만 원의 수익이 추가로 발생했다면 이것은 다시 두 번째 계좌로 이체하고, 첫 번째 계좌는 계속 최초 운용 규모인 1,000만 원을 유지한다.

두 번째 계좌는 기존잔고 100만 원에 첫 번째 계좌의 수익금 200만

주식의 바다에서 서핑하듯 투자하라

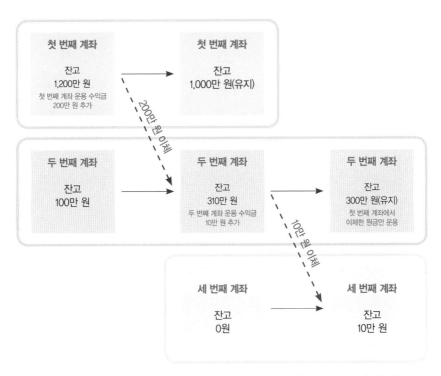

첫 번째 계좌
잔고
1,200만 원
첫 번째 계좌 운용 수익금
200만 원 추가

첫 번째 계좌
잔고
1,000만 원(유지)

200만 원 이체

두 번째 계좌
잔고
100만 원

두 번째 계좌
잔고
310만 원
두 번째 계좌 운용 수익금
10만 원 추가

두 번째 계좌
잔고
300만 원(유지)
첫 번째 계좌에서
이체한 원금만 운용

10만 원 이체

세 번째 계좌
잔고
0원

세 번째 계좌
잔고
10만 원

그림 5-5 │ 두 번째 계좌는 첫 번째 계좌에서 이체한 원금만 계속 운용하며, 두 번째 계좌에서 수익이 발생하면 세 번째 계좌로 이체하여 운용한다.

원이 추가되었다. 그리고 그동안 두 번째 계좌를 운용하면서 10만 원의 수익이 발생하여 총 잔고는 310만 원이 되었다. 그러면 운용을 통해 늘어난 10만 원은 다시 세 번째 계좌로 이체한다.

세 번째 계좌는 두 번째 계좌의 수익금으로만 운용하며, 만일 추가 수익이 발생한다면, 네 번째 계좌로 다시 이체하면 된다.

왜 이런 방식이 수익률에 도움이 될까?

그것은 손실을 관리할 수 있고, 손실을 대하는 심리적 개념이 달라지기 때문이다. 첫 번째 계좌에서 100만 원의 수익이 발생했을 때 수익금을 두 번째 계좌로 옮기고 1,000만 원을 유지한다고 해보자. 이 계좌는 반드시 1,000만 원을 유지해야 하는 계좌다.

그런데 갑자기 손실이 발생하여 첫 번째 계좌가 980만 원이 되었다고 해보자. 1,000만 원짜리 계좌가 980만 원이 되니 심적으로 부담이 될 것이다. 이때부터 적극적으로 종목을 매도하고 다른 종목을 찾을지를 고민해야 한다.

그러나 이 첫 번째 계좌는 1,100만 원의 수익이 이미 난 상태에서 고작 20만 원 손실이 났을 뿐이다. 하지만 이런 작은 손실에도 계좌의 수익금을 옮겨두게 된다면 조금 더 민감하게 대응할 수 있게 된다.

이것은 두 번째 계좌에서도 마찬가지다. 비록 100만 원짜리 계좌이지만 손실이 발생하게 되면 주식투자를 더 공부하던지, 종목을 더 연구하고 분석하던지 하여 어떻게 해서라도 다시 100만 원짜리 계좌를 복구하고 싶을 것이다.

생각해보면 애초에 두 번째 계좌는 첫 번째 계좌의 수익금만으로 만들어진 계좌이니 몽땅 잃어버려도 본전인 셈인데도 말이다. 하지만 수익금으로 만들어진 계좌일지라도 이를 계속 불려갈 수 있는 여건이 조성된 이상 어떻게 해서든 관리해야 한다.

계좌가 세 개, 네 개, 다섯 개로 계속 증가하게 되면 종목 수도 많아지고, 계좌 관리도 조금 벅차게 되는 순간이 올 것이다. 그러면 계좌별 운용 자금을 다시 분배해보자.

첫 번째 계좌는 원래 1,000만 원만 운용하는 계좌였으나 2,000만 원으로 늘리게 되고, 두 번째 계좌를 500만 원 정도로 늘려 잡을 수 있다. 그러면 세 번째 계좌부터는 다시 0원 계좌로 보유하면서 수익금을 기다리면 된다.

필자가 추천하는 계좌 운용 방법은 인지과학과 심리학을 기반으로 고안한 내용이다. 이 내용을 잘 이해하고 실천한다면 실제 주식투자 시 +, − 숫자에 현혹되어 잘못된 판단을 하지 않는 데 도움이 될 것이다.

이쯤 설명하다 보면 한 가지 궁금한 점이 생길 것이다. 과연 수익이 얼마가 된 이후 다음 계좌로 옮겨야 할까?

정답은 없다. 하지만 나름 만족하면서 수익을 거둘 수 있는 방법을 제시하자면 '삼분의 일'을 기억하면 된다. 최소 5% 이상의 수익이 났을 때, 수익의 최고점을 기준으로 수익 중 $\frac{1}{3}$ 정도 하락하면 바로 수익금을 모두 팔아서 두 번째 계좌로 옮겨두자. 이후 만일 주가가 추가로 하락하게 된다면 그나마 $\frac{2}{3}$ 정도의 수익은 건지게 된 것이니 만족스럽다. 그리고 첫 번째 계좌는 본래 운용 자금보다 적어질 테니 계좌를 대하는 심리가 달라질 것이다.

예를 들어 앞의 '나수익' 씨의 사례를 본다면 최고점의 수익률이 30%까지 상승했던 시기가 있었다. 그러다가 주가가 하락하기 시작하면서 수익률이 20%로 떨어지는데, 바로 이 시기가 수익금을 이체해야 하는 시기다.

정리하자면 "5% 이상의 수익 이후, 최고점을 기준으로 수익의 $\frac{1}{3}$ 하락 시 수익금을 이체한다."이다.

왜 '삼분의 일'일까? 주식의 움직임은 끊임없이 등락을 거듭하며 상승하기 마련이다. 그래서 너무 작은 수익이 생길 때마다 바로바로 팔아서 두 번째 계좌로 옮기다보면 제대로 된 투자를 할 수가 없게 된다. 하루는 수익이었다가 하루는 손실이었다가 하는 통에 계좌가 엉망이 되어 버릴 수 있다.

그리고 너무 큰 수익이 날 때까지 주가의 등락을 바라보면서 마냥 기다리기만 하다보면, 횡보나 조정 시기에 그나마 이루었던 수익마저도 잃어버리게 되는 경우가 발생한다.

따라서 최소 5% 이상 수익이 발생했다면 이후 수익 최고점을 기준으로 수익의 $\frac{1}{3}$ 정도 하락한 것을 보고, 두 번째 계좌로 이체 준비를 하는 것이 좋다. 이것은 필자의 경험적 사례이며 투자자마다 다른 기준을 새롭게 생각해볼 수도 있을 것이다.

이 방법은 계좌 주식이 커지면 커질수록 더 오랜 기간 보유할 수 있기도 하다. 투자 초창기에 만일 6%의 수익이 생겼다면, 겨우 2%만 하락하더라도 '삼분의 일' 룰에 따라 남아있는 4%는 자동으로 두 번째 계좌로 옮기게 된다.

그러나 등락을 거치면서 수익이 30%가 되었다면 10% 정도의 하락까지도 버티며 장기보유를 할 수도 있게 된다. 수익이 커지면 커질수록 더 큰 등락폭을 견디며 보유할 수 있다는 뜻이다.

물론 이 모든 것이 투자를 통해 수익을 낼 수 있어야 한다는 전제 하에 가능한 방법이다. 하나의 계좌에서도 수익을 전혀 낼 수 없다면 꿈 같은 이야기일지도 모른다. 그러나 생각해보면 누구나 한 번쯤은 수익을 잠깐이나마 경험한다. 특히 증시의 상승기에 투자한다면 수익계좌

주식의 바다에서 서핑하듯 투자하라

를 볼 수 있는 확률은 더 높아진다.

그런데 수익금을 관리하지 않는다면 초보투자자의 경우 수익금을 고스란히 날리고 겨우 본전만 유지하게 되는 경우가 대부분이다. 처음에는 여러 개의 주식계좌를 운용하는 것이 낯설고 불편할지 모른다. 그래도 수익을 위해서라면 반드시 도전해보기 바란다.

투자는 마라톤, 페이스를 유지하라

한 남자가 심각한 표정으로 쉴 새 없이 일을 하며 땀을 흘린다. 땀 한 방울이 콧잔등을 타고 떨어지는 순간, "열심히 일한 당신. 떠나라!" 하고 말한다. 그 남자는 자동차를 타고 해변을 달리며 웃는다.

2002년 현대카드 광고다. 그 이전까지 우리나라는 쉬지 않고 일하는 사람들이 많았다. 그 이후 '웰빙'이 나오고 '워라밸일과 삶의 균형이라는 뜻으로 'Work and Life Balance'의 준말'과 '소확행일상에서 느낄 수 있는 작지만 확실하게 실현 가능한 행복'을 이야기한다. 휴식 없이 일만 하다가는 과로에 스트레스로 너무 힘들고 오히려 일의 능률도 떨어진다. 그래서 이제는 모두가 휴식의 중요성을 이야기한다.

주식투자도 떠나야 할 때가 있다. 좋은 시즌이 끝나면 다음번 좋은 시즌이 시작되기 전까지는 조금 떠나야 한다. 증권사의 트레이더처럼

주식의 바다에서 서핑하듯 투자하라

계속 주식을 매매해봐야 수수료만 나가고 손실만 늘어날 뿐이다.

일본 도쿠가와 이에야스가 지배했던 에도시대, 사께다사카타 항구에는 쌀을 거래하던 거상 혼마 무네히사가 있었다. 그의 투자법은 '사께다 5법'으로 지금까지 전해진다.

사께다 전법은 수요와 공급의 원리와 그 안에서 움직이는 투자자들의 심리가 반영된 방법이다. 특히 사께다 5법의 마지막인 '삼법'은 투자를 '매수 → 매도 → 휴식'으로 이해한 것이다. 우리는 일반적으로 주식이란 매수했다가 매도하는 것으로 생각할 수 있다. 그러나 그 사이에는 반드시 휴식과 관망을 통해 다음번 좋은 시기가 올 때를 기다려야 한다는 것이다.

사께다 전법에서 이야기하는 휴식이란 완전히 쉬는 것이 아니라, 시장 감시 또는 관망의 의미라고 생각한다. 시장을 완전히 벗어나게 되면 다음번 좋은 시즌의 시작점을 놓쳐 버릴 수 있기 때문이다.

따라서 주식시장을 떠난다는 이야기는 대부분의 투자금을 현금화하되, 일정 금액은 시장 흐름을 이해하기 위해 남겨둬야 한다. 이 부분은 앞서 〈아무도 가르쳐주지 않는 주식계좌 운용 방법〉에서 계좌에 관심 종목을 1주씩 보유하는 것으로 설명했다.

그리고 관망과 동시에 해야 하는 것은 주식투자에 대한 공부다. 이런 이야기가 있다.

옛날 산속에서 한 젊은이와 노인이 나무를 하고 있었다. 젊은이는 넘치는 힘으로 하루 종일 쉬지 않고 나무를 베었다. 그러나 노인은 가끔 나무 그

늘에서 쉬어가며 나무를 베었다.

해가 지고 돌아갈 시간이 되었다. 그런데 그동안 베어둔 나무를 보니 노인이 벤 나무가 훨씬 많았다. 이를 이해할 수 없었던 젊은이는 노인에게 어떻게 쉬지 않고 일한 자기보다 더 많이 나무를 벨 수 있었는지 물었다. 그러자 노인은 이렇게 대답했다.

"나는 쉬면서 도끼의 날을 갈고 있었다네."

쉬지 않고 투자하는 것보다 좋은 시즌에만 투자하고 나머지는 쉬는 것이 더 큰 수익을 올릴 수 있다. 그리고 쉴 땐 시장을 관망하면서 자신의 투자 기법을 갈고 닦아야 한다. 젊은이에게 이긴 노인처럼 말이다.

시장은 내가 어찌해볼 수 없다. 그저 흘러가는 대로 지켜보면서 좋은 시즌이 올 때 기회를 잘 잡아야 한다. 하락하는 장세에서 떨어지는 종목을 붙들고 매일 고민해봐야 답은 없다. 쉴 땐 쉬어야 하고, 주식시장을 떠나야 할 땐 떠나야 한다. 그리고 언제 다시 올지 모를 기회를 잘 잡기 위해 시장을 관망하면서 당신만의 도끼를 갈고 닦아야 한다.

그런데 실제 좋은 시즌을 기다려보면 그리 자주 찾아오지 않는다. 그래서 가끔은 마음이 급해지고 안달날 수 있다. 하지만 투자는 100m 전력질주가 아니라 평생 해야 할 마라톤이다. 투자를 평생 해야 한다고 해서 오로지 투자에 매몰된 삶을 살라는 것이 아니다. 조금은 느긋하게 그러나 준비는 철저하게 하면서 삶의 균형을 지키다가 결정적인 순간, 좋은 시즌을 노리라는 것이다.

주식의 바다에서 서핑하듯 투자하라

이를 위해 동기부여 전문가인 앤서니 로빈스토니 로빈스의《네 안에 잠든 거인을 깨워라》의 내용이 도움이 된다. 이 책은 우리가 인생을 살아가며 정복해야 할 다섯 가지 분야를 이야기했다. 그것은 감정, 건강, 인간관계, 경제력, 시간이다. 삶의 균형에 대해 생각해보고 싶은 독자라면 한 번쯤 읽어봐도 좋을 것이다.

여기에서는 더 나은 투자 생활을 위해 앤서니 로빈스의 다섯 가지 분야를 주식투자에 적용시켜 생각해봤다.

감정을 정복하라

우리는 더 나은 감정을 갖기 위해 행동하고 노력한다. 심지어 주식투자를 통해 돈을 잃는 것이 감정적으로 더 기쁘다면 기꺼이 손실을 보려는 사람들이 많을지도 모른다물론 돈을 잃으면서 감정이 좋을 사람은 없겠지만 말이다.

주식투자에서도 감정은 중요하다. 이는 심리적 안정과도 관련된 이야기인데, 투자하는 동안 마음이 불안하고 긴장되며 초초한 채로 살게 된다면 차라리 주식투자를 하지 않는 편이 나을 것이다. 감정이 흔들린 상태에서는 아무래도 수익보다 손실의 확률이 커질 수밖에 없다.

그러면 주식투자를 하는 동안 감정을 정복할 수 있는 방법은 무엇이 있을까?

여러 가지 방법이 있을 수 있겠지만 더 많은 공부와 더 정확한 분석을 추천한다. 학창 시절 시험을 볼 때 공부를 많이 한 다음 문제를 알고 푼 것과 공부가 부족한 상태에서 적당히 고민하며 시험을 치른 경우를 생각해보자.

공부를 충분히 했다면 시험 문제를 보는 순간 분석이 끝났을 것이다. 그리고 결과가 나올 때까지 마음이 편했을 것이며, 다음 진도의 공부도 느긋한 상태에서 '승자의 뇌' 상태를 유지한 채 이어갈 수 있었을 것이다.

반면 공부가 부족한 상황이라면 어렵게 시험을 끝내고, 결과가 나오기까지 걱정하며 지낼 수밖에 없다. 마음이 불편하여 다음 진도의 공부 역시 손에 잡히지 않는다.

주식투자에 대한 기본적인 이론을 공부하고, 그것을 자신만의 매매법에 녹여서 투자를 준비한 다음, 종목에 대한 철저한 분석을 통해 투자한 사람이 있다. 그리고 주식 책 몇 권 읽고 모든 것을 다 배운 것 같다는 생각을 하다가, 적당히 주변 사람들의 이야기를 듣고 따라서 매수한 사람이 있다. 분명 이 두 사람의 심리는 다를 수밖에 없다.

전자는 주가의 등락에 크게 흔들리지 않고 목표한 수익을 달성할 때까지 기다릴 수 있을 것이다. 그러나 후자는 주가의 등락에 손절을 하거나 혹은 계속 상승하는 종목을 너무 일찍 팔아 버려 후회할지도 모른다.

주식투자하며 감정을 정복하기 위해서는 철저한 분석과 사전 준비, 그리고 투자에 대한 공부가 필요한 대목이다.

주식의 바다에서 서핑하듯 투자하라

건강이 우선이다

건강을 잃게 되면 돈이 무슨 소용이 있으랴. 건강이 우선이다. 전업투자자가 아닌 이상 주식투자하며 건강을 해치는 경우는 극히 드물 것이다. 그러나 개인투자자일지라도 주식이 건강에 미치는 영향이 있다. 바로 앞서 살펴본 심리적 영향이다.

스트레스는 만병의 근원이다. 스트레스로 인해 여러 가지 질병이 발생한다는 연구 결과를 흔히 찾아볼 수 있다. 스트레스의 문제는 질병뿐만이 아니다.

우리나라의 1년에 자살로 인한 사망자 수는 대략 14,000여 명이다. 이는 2017년 교통사고로 인한 사망자 수 4,200여 명의 3배가 넘는 수치다. 불의의 사고로 목숨을 잃는 것보다 자신이 스스로 목숨을 끊는 경우가 이토록 많다.

그들은 왜 자살한 것일까? 대부분 걱정으로 인한 스트레스가 마음을 압박하여 현실을 도피하려고 했던 것은 아닐까?

걱정과 스트레스를 극복하는 방법에 대해서는 데일 카네기의 《카네기 행복론》을 참고해보자. 이 책에서는 20세기 최고의 발명품, 에어컨을 발명한 윌리스 캐리어가 사용한 고민 극복 3단계 방법을 활용할 수 있다.

첫째, '발생할 수 있는 최악의 상황은 무엇인가?'를 생각해보자. 주식투자에서 최악의 상황은 보유종목이 상장폐지되어 모든 돈이 휴지조각이 되어 버리는 것이다. 이를 극복하기 위해 우리는 안정적인 종목으로 투자 대상을 제한하여 상장폐지의 위험을 피하고, 분산투자를 통해 리스크를 줄일 수 있을 것이다.

둘째, '발생할 수 있는 최악의 상황을 가정하고, 기꺼이 그것을 감수하기로 한다는 생각'이다. 주식투자에서 최악의 상황인 모든 투자금을 날려 버리는 상황을 가정해본다면, 우리는 투자를 어떻게 해야 할지 알 수 있다.

절대로 여유 자금으로만 하고, 미수거래는 하지 않는다. 대출받은 자금이나 조만간 급하게 써야 할 돈도 주식투자를 비롯한 모든 투자에 사용하면 안 된다. 만일 이런 상황을 만든다면 기존에 생각했던 '최악의 상황'보다 더 최악의 상황으로 떨어져 버릴 것이기 때문이다. 감당할 수 있는 최악의 상황만을 준비하자.

셋째, '정신적으로 받아들인 최악의 상황을 극복하기 위한 명상'이다. 최악의 상황을 가정하고 이겨낼 수 있는 정신 상태가 된다면 투자 시 안정과 여유가 생길 것이다.

그러나 아무리 명상을 한다고 할지라도 투자 실패 시 생계가 어렵게 되고, 집안이 망해 버린다면 대책이 없다. 그러니 언제든 투자의 실패를 딛고 다시 일어설 수 있는 자신을 생각하며 극복 가능한 범위 내에서만 투자를 제한하자.

위 3단계는 최악의 상황을 가정해보고 받아들인 다음, 마음속으로 이겨내는 과정이다. 그리고 아직 최악의 상황까지는 발생하지 않은 상태이니 그보다는 스트레스가 적어질지도 모르겠다.

인간관계를 원만히

주식투자를 하면서 넓은 인간관계가 도움이 될 때도 있다. 여러분 지인들이 회사를 다니고 있다면 우연치 않게 그곳에서 진행하는 기업의 이야기를 들을 때도 있는데, 이런 정보들을 통해 뜻하지 않는 수익을 거둘 수 있는 기회가 생긴다.

이때 주의해야 하는 것은 '자본시장과 금융투자업에 관한 법률'에 따라 기업의 미공개 정보를 받거나, 이를 통해 주가를 왜곡할 행위를 하는 것은 법에 저촉되니 미공개 정보를 요구하는 일을 해서는 절대 안 된다.

그저 가끔이라도 안부를 물으며 기업의 사정을 공유하는 정도로만 생각하는 것이 좋다. 그리고 어차피 기업의 중요 핵심 임직원이 아닌 이상 일반 직원이 알고 있는 정보는 모두 시장에 공개된 정보이며, 그동안 여러분만 몰랐을 뿐인 경우가 대부분일 것이다.

그렇다 할지라도 비록 정보 수준은 낮을지언정 새로운 분석의 기회가 생길 수 있을 것이니 활용해보는 편이 좋다. 그동안 여러분의 관심이 미치지 않는 분야라면 더욱 그렇다.

그리고 주식투자에 관심 있는 사람들과 함께하는 것도 도움이 된다. 그러면 더 이상 외로운 투자자가 아니라, 서로 정보를 공유하고 상호 교류하면서 더 많은 투자의 기회가 생길 것이다. 누구나 관심 분야와 능력이 다르기 때문에 서로 보완할 수 있는 사람들이 모인다면 큰 힘이 될 것이다.

물론 인간관계를 오로지 투자의 대상으로만 생각하면 안 될 것이다. 가족, 친구, 회사 등 모든 인간관계에서 좋은 영향을 줄 수 있도록 살아가는 것이 더 나은 삶의 자세라 생각한다.

경제력 완성을 위한 투자

인생을 살아가면서 경제적 문제는 대단히 중요하다. 경제적 안정을 위해 주식투자도 하고, 하루 중 대부분의 시간 동안 일을 하며 돈을 번다. 지금 이 책을 읽는 이유도 경제적 성장에 도움이 되지 않을까 하는 마음이 클 것이다. 이 책이 여러분의 경제력 완성에 도움이 되었으면 좋겠다.

그러나 대부분의 독자들이 항상 겪는 오류가 있다. 책을 읽고 있는 행위 자체를 투자의 성공으로 생각하는 것이다. 혹시 자기계발서를 읽으며 더 나아진 자신을 생각하지만 어제와 똑같은 삶을 살고 있지는 않는가? 주식투자 서적을 열심히 읽지만 수익이 나아지지 않는가?

중요한 것은 지식과 더불어 실행이다. 어떠한 책을 읽든지 머리로만 이해하는 것이 아니라, 좋다고 생각되는 것이 있다면 몸을 움직여 실제로 따라 해보기 바란다. 변화는 어제와 다른 지식이 아니라, 어제와 다른 행동에서 나오는 것이기 때문이다.

주식의 바다에서 서핑하듯 투자하라

시간을 내 편으로 만들자

다섯 가지 요소 중에서 시간은 가장 어려우면서도 중요한 요소인 것 같다. 우리가 돈을 더 많이 벌고 싶은 것도 결국엔 자유로운 시간을 더 많이 누리기 위해서다. 사람들과의 관계 역시 좋은 시간을 보내기 위함이고, 건강 또한 더 오랜 시간 살기 위함이다.

감정을 정복하는 것은 살아가는 동안 고통의 시간이 아니라 행복의 시간으로 만들기 위해서이며, 경제력 역시 온전히 나만의 시간을 만들기 위해 필요한 요소다. 모든 요소에는 시간이 포함된다.

주식투자에서 시간을 생각해보면 '제대로 된 준비와 기다림'이 중요한 것 같다. 윤오영의 수필 〈방망이 깎던 노인〉을 보면, "끓을 만큼 끓어야 밥이 되지, 재촉한다고 밥이 되나?"라는 대목이 나온다. 일을 시작했으면 정성들여 완성해야 끝이 나는 것이지, 급하게 재촉한다고 해서 마무리되는 것은 아니라는 것이다.

투자는 대상종목을 찾는 데서 시작한다. 그런데 실적이 좋은 기업을 찾았다고 하더라도 주가가 바로 오르지 않을 수 있다. 상승할 때까지 기다려야 한다. 분석하는 동안에도 바로 급등하지 않을까 걱정하는 마음에 대충 넘어갈지도 모른다.

하지만 기업의 분석은 철저히 해야 한다. 분석하는 동안 주가가 올라 버린다면 그냥 다른 종목을 찾으면 그만이다. 국내에는 2,200여 개의 상장기업이 있으니 기회는 많다. 그리고 일단 매수했다면 상승을 기다리고, 상승했더라도 충분히 오를 때까지 기다려야 한다. 너무 조

급한 마음에 일찍 팔아 버리게 된다면 애써 좋은 시즌의 주도업종을 찾은 노력이 허사가 되어 버릴 것이기 때문이다. 좋은 시즌의 주도업종에 속한 좋은 종목은 쉽사리 무너지지 않는다.

그러나 애써 분석한 종목이 좋은 시즌이 다 끝나도록 상승하지 않는다면 허망할 것이다. 그래서 투자의 시간을 내 편으로 만들기 위해서는 상승의 분위기를 읽을 수 있어야 한다. 기업의 호재를 읽고 차트 추세를 보면서, 제대로 된 분석이야 말로 시간을 내 편으로 만들 수 있는 방법이다. 그리고 이를 위해서는 많은 공부와 실전 경험이 필요할 것이다.

지금까지 평생을 이어가야 할 주식투자와 삶의 균형에 대해 생각해봤다. 초반에 너무 급하게 달려들면 지쳐 나가떨어지기 쉽다. 투자는 마라톤이라 생각하고, 페이스를 유지하며 느긋한 마음으로 시작하자.

주식의 바다에서 서핑하듯 투자하라

주식투자로 돈을 버는 일에 공짜는 없다!

주식투자로 돈을 버는 일에 공짜는 없다. 하지만 조금만 공부해보면 그리 비싸 보이지는 않는 것 같다. 투자의 원칙은 간단해 보이기 때문이다.

- 쌀 때 사서 비쌀 때 팔아라.
- 비싸게 사서 더 비싸게 팔아라.
- 달리는 말에 올라타라.
- 때가 올 때까지 기다리는 사람이 성공한다.
- 움직이지 않는 주식에는 손을 대지 마라.
- 여유 자금으로 투자하라.
- 소문에 사고 뉴스에 팔아라.
- 달걀을 한 바구니에 담지 마라.

– 밀짚모자는 겨울에 사라.

– 초심자의 행운을 경계하라.

하지만 이런 간단한 원칙들을 지키기도 어려울뿐더러, 실제 매매를 하는 동안 어떤 방법을 통해 실행해야 할지도 애매한 구석이 있다. 당장 달걀을 한 바구니에 담지 않기 위해 분산투자가 필요하지만, 분산투자의 방법만 하더라도 무수히 많은 것처럼 말이다.

이 책에 적용된 격언은 두 가지다.

"중앙은행과 싸우지 말라."

"추세에 순응하라."

경제의 흐름을 살피고 하락추세에서는 투자를 잠시 쉬었다가 상승기에 투자하는 방법에 대한 이야기다. 이렇게 간단한 원칙에 대해서도 여러 가지 방법들을 정리하다 보니 내용이 길어졌다. 투자 공부라는 것이 깊이 들어가면 갈수록 내용이 어려워진다. 부디 이 책을 통해 대세 상승기에 투자를 시작하여 큰 수익을 낼 수 있는 개인투자자들이 많이 생겨났으면 좋겠다.

그리고 조금 더 많은 주식 공부를 원하는 독자들을 위해 이 책의 위치는 우리나라 주식 책 분야에서 어디일까를 생각해봤다. 우리나라 주식 책들을 보면 대략 네 가지로 나누어볼 수 있다.

첫째, 해외 유명 투자자의 이론을 설명하는 번역서다. 벤저민 그레이엄, 워런 버핏, 피터 린치, 켄 피셔, 데이비드 드레먼 등 수많은 유명 투자자들의 투자에 대한 가르침이다.

그러나 사례로 제시된 종목들이 외국 주식들이어서 이해를 더욱 어렵게 만들고, 1910년대부터 소개하는 경우가 많아서 너무 예전의 이야기로 생각되기도 한다. 그래서 초보투자자들은 책만 사두고 읽지 않는 경우가 많을 것이다. 그러나 여건이 된다면 꼭 읽어보길 바란다. 이 책들은 시간을 뛰어넘어 현재에도 통용되는 여러 가지 원칙들을 담고 있기 때문이다.

둘째, 주식투자 기법에 대한 일반적인 교과서 형식의 책이다. 차트와 재무제표는 어떻게 읽고 이해해야 하는지에 대한 내용들이다. 이 책들은 대표적인 책 몇 권 정도는 반드시 읽어봐야 하지만, 내용이 거의 비슷하기 때문에 두세 권 정도면 충분하다.

문제는 똑같은 내용의 책임에도 불구하고 매년 차트 분석과 재무제표에 대한 새로운 책들이 쏟아진다. 그러나 기본 이론은 변화된 것이 없으니, 최소 선택한 각 분야별 두세 권 정도를 반복하여 읽어보는 것이 좋을 것이다.

셋째, "주식투자를 해라." 또는 "나는 주식투자로 얼마 벌었다."에 대해 이야기하는 책이다. 이런 책들은 대부분 유명 투자자들이 쓰는 경우가 많다. 하지만 주식투자에 대한 정교한 매매 기법을 공부하기에는 내용이 다소 부족하며, 자칫 책 내용이 투자의 전부인 것으로 착각한 초보투자자들은 실패를 경험할 수도 있다. 그래도 투자를 처음 시작하는 사람들에게는 주식투자에 대한 동기부여 차원에서 읽어볼만하다.

넷째, 저자만의 매매법을 소개하는 책이 있다. 이 책도 여기에 속한다. 이런 책들은 저자가 투자하면서 느끼고 생각한 바를 정리한 책이다. 아직 자신만의 매매법이 없는 초보투자자뿐만 아니라, 수익률이 저조한 투자자들까지도 읽어볼만하다. 물론 저자마다 다양한 투자 방법에 대해 이야기하고 있기 때문에 때로는 공격의 대상이 되기도 한다.

예를 들어 차트에 대해 설명하는 책은 가치투자자들의 공격의 대상이 되고, 재무제표와 장기투자를 이야기하는 책은 차트 분석과 단기투자를 원하는 사람들로부터 공격을 받는다. 그러나 자신의 투자 방법과 다르다고 하여 굳이 부정할 필요는 없다. 사람마다 투자법이 모두 다를 수 있음을 이해하고 있는 사람이라면 말이다.

그보다는 저자가 이야기하는 새로운 방식의 투자 전략에 대해 생각해보고, 자신의 매매에 적용할 수 있는 부분이 있는지 점검하면서 읽어보면 도움이 될 것이다. 하나라도 더 많은 새로운 지식을 습득하기 위해 열린 마음으로 공부해보자.

이 세상에는 투자자가 많은 만큼 투자 방법도 여러 가지가 될 수 있다. 그 많은 투자 방법들 중에서 어느 것이 자신에게 잘 맞는 방법인지는 실제 경험해보지 않는 이상 알기 어렵다.

그렇기 때문에 이 책뿐만 아니라, 시중에 나온 다양한 주식 책들을 통해 여러 가지 방법을 공부해보고 시도해보기 바란다. 다만 이 책에서 설명하는 투자 방법이 많은 투자자들에게 도움이 되었으면 좋겠다. 독자 여러분의 성공 투자를 기원한다.

한국거래소 지수 업종 분류

구 분	업종명		
KOSPI	종합(KOSPI)	기계	금융업
	대형주	전기전자	은행
	소형주	의료정밀	증권
	음식료업	운수장비	보험
	섬유의복	유통업	서비스업
	종이목재	전기가스업	제조업
	화학	건설업	변동성 지수
	의약품	운수창고	코스피 고배당50
	비금속광물	통신업	
	철강금속	코스피 배당성장50	
KOSDAQ	종합(KOSDAQ)	화학	통신장비
	기타 서비스	제약	정보기기
	코스닥IT 종합	비금속	반도체
	제조	금속	IT 부품
	건설	기계/장비	KOSDAQ 100
	유통	일반전기전자	KOXDAQ MID 300
	운송	의료/정밀 기기	KOSDAQ SMALL
	금융	운송장비/부품	오락, 문화
	통신방송 서비스	기타 제조	코스닥 우량기업
	IT SW & SVC	통신 서비스	코스닥 벤처기업
	IT H/W	방송 서비스	코스닥 중견기업
	음식료/담배	인터넷	코스닥 신성장기업
	섬유/의류	디지털컨텐츠	KOSDAQ150
	종이/목재	소프트웨어	F-KOSDAQ150
	출판/매체복제	컴퓨터 서비스	F-KOSDAQ150 인버스

표7 | HTS에서 확인할 수 있는 지수 업종의 종류

구 분	업종명	구성종목 중 시가총액 상위 10개사
K O S P I	음식료업	CJ제일제당, 오리온, 오뚜기, 농심, 하이트진로, 롯데칠성, SPC삼립, 동원F&B, 대상, 롯데푸드
	섬유의복	한섬, F&F, 한세실업, LF, 경방, 일신방직, BYC, 동일방직, 신원, 인디에프
	종이목재	무림P&P, 한솔제지, 아세아제지, 태림포장, 신대양제지, 한창제지, 모나리자, 무림페이퍼, 깨끗한나라, 한솔홈데코
	화학	LG화학, LG생활건강, S-Oil, 아모레퍼시픽, 롯데케미칼, 한국타이어, 한화케미칼, KCC, 금호석유, OCI
	의약품	셀트리온, 삼성바이오로직스, 한미약품, 유한양행, 대웅제약, 녹십자, 한올바이오파마, 부광약품, 영진약품, 종근당
	비금속광물	쌍용양회, 아이에스동서, 한일현대시멘트, 한국유리, 한일시멘트, 동양, 아세아시멘트, 조선내화, 성신양회, 코리아오토글라스
	철강금속	POSCO, 고려아연, 현대제철, 영풍, 풍산, 동국제강, 세아베스틸, 고려제강, 한국철강, 남선알미늄
	기계	한온시스템, 현대엘리베이터, 두산인프라코어, 두산중공업, 현대건설기계, LIG넥스원, 씨에스윈드, 한미반도체, 에이프로젠 KIC, 한국카본
	전기전자	삼성전자, SK하이닉스, 삼성SDI, LG전자, 삼성전기, LG디스플레이, LG이노텍, 일진머티리얼즈, LS산전, 대한전선
	의료정밀	덴티움, 케이씨텍, 케이씨, 미래산업, 디아이, 우진
	운수장비	현대차, 현대모비스, 기아차, 현대중공업, 삼성중공업, 대우조선해양, 한국항공우주, 현대로템, 현대미포조선, 한화에어로스페이스

표8 | 2018년 12월 말 기준 한국거래소의 코스피 업종별 구성종목 1

주식의 바다에서 서핑하듯 투자하라

구 분	업종명	구성종목 중 시가총액 상위 10개사
K O S P I	유통업	삼성물산, 롯데쇼핑, 이마트, 호텔신라, BGF리테일, 휠라코리아, GS리테일, 신세계, 포스코대우, 현대백화점
	전기가스업	한국전력, 한국가스공사, 지역난방공사, 서울가스, 부산가스, 삼천리, 경동도시가스, 대성에너지, 인천도시가스
	운수창고	현대글로비스, CJ대한통운, 대한항공, 팬오션, 현대상선, 제주항공, 아시아나항공, 진에어, 한진, 대한해운
	통신업	SK텔레콤, KT, LG유플러스, 인스코비
	금융업	SK, 신한지주, KB금융, SK이노베이션, 삼성생명, 삼성화재, LG, 하나금융지주, 우리은행, 기업은행
	은행	우리은행, 기업은행, 제주은행
	증권	미래에셋대우, NH투자증권, 삼성증권, 메리츠종금증권, 키움증권, 유안타증권, 대신증권, 신영증권, 한화투자증권, 교보증권
	보험	삼성생명, 삼성화재, DB손해보험, 한화생명, 오렌지라이프, 메리츠화재, 코리안리, 동양생명, 미래에셋생명
	서비스업	NAVER, 삼성에스디에스, 엔씨소프트, 넷마블, 카카오, 강원랜드, 코웨이, 삼성엔지니어링, 에스원, 제일기획
	제조업	삼성전자, SK하이닉스, 셀트리온, LG화학, 현대차, POSCO, 삼성바이오로직스, LG생활건강, 현대모비스, 삼성SDI

표9 | 2018년 12월 말 기준 한국거래소의 코스피 업종별 구성종목 2

구 분	업종명	구성종목 중 시가총액 상위 10개사
K O S D A Q	기타 서비스	신라젠, 바이로메드, 제넥신, 포스코ICT, 메지온, 크리스탈, NICE평가정보, 에이치엘비생명과학, 레고켐바이오, 녹십자랩셀
	코스닥IT	CJ ENM, 펄어비스, SK머티리얼즈, 컴투스, 원익IPS, 서울반도체, GS홈쇼핑, 카페24, 이오테크닉스, 리노공업
	제조	포스코켐텍, 에이치엘비, 메디톡스, 셀트리온제약, 휴젤, 에스에프에이, 코미팜, 고영, 차바이오텍, SKC코오롱PI
	건설	동원개발, 이테크건설, 서희건설, 서한, 금화피에스시, KCC건설, 남화토건, 이화공영, 대원, 국보디자인
	유통	셀트리온헬스케어, 서부T&D, 다우데이타, 파마리서치프로덕트, CJ프레시웨이, 대명코퍼레이션, 해마로푸드 서비스, 큐렉소, 서울옥션, 인터파크
	운송	선광, W홀딩컴퍼니, 유성티엔에스, 삼일
	금융	하림지주, 제이콘텐트리, 휴온스글로벌, 이베스트투자증권, 원익홀딩스, 우리기술투자, 골프존뉴딘홀딩스, 매일홀딩스, 아주IB투자, 비츠로테크
	오락문화	스튜디오드래곤, 파라다이스, 에스엠, JYP Ent, 아난티, 와이지엔터테인먼트, 쇼박스, 키이스트, SM C&C, 남화산업
	통신방송 서비스	CJ ENM, GS홈쇼핑, 한국전자금융, 한국정보통신, 세종텔레콤, 나이스정보통신, KMH, 전파기지국, KNN, 한국경제TV
	IT SW & SVC	펄어비스, 컴투스, 더블유게임즈, 카페24, 상상인, 웹젠, 지트리엔티, 아프리카TV, 위메이드, 안랩
	IT H/W	SK머티리얼즈, 서울반도체, 원익IPS, 엘앤에프, 리노공업, 텔콘RF제약, 에코프로, 에스티큐브, 이오테크닉스, 나노스

표10 | 2018년 12월 말 기준 한국거래소의 코스닥 업종별 구성종목 1

주식의 바다에서 서핑하듯 투자하라

구 분	업종명	구성종목 중 시가총액 상위 10개사
K O S D A Q	음식료, 담배	네이처셀, 이미코젠, 매일유업, 이지바이오, 뉴트리바이오텍, 하림, 에이치엘사이언스, 진로발효, 노바렉스, 엠에스씨
	섬유, 의류	코웰패션, 크리스에프앤씨, 지엔코, 좋은사람들, 원풍물산, 코데즈컴바인, 엠코르셋, 배럴, 웰크론, 케이엠
	종이, 목재	동화기업, 삼보판지, 국일제지, 대양제지, 크린앤사이언스, 대림제지, 삼륭물산, 무림SP, 한국팩키지
	출판, 매채복제	넵튠, 양지사, 예림당, 메가스터디, 퓨처스트림네트웍스, 드림시큐리티, 썸에이지, SM Life Design, 스포츠서울, 더블유에프엠
	화학	SPC코오롱PI, 솔브레인, 네오팜, 코스메카코리아, 연우, 티케이케미칼, SK바이오랜드, 리더스코스메틱, 현대바이오, 에스디생명공학
	제약	메디톡스, 셀트리온제약, 휴젤, 코미팜, 차바이오텍, 코오롱생명화학, 삼천당제약, 케어젠, 엔지켐생명과학, 오스코텍
	비금속	포스코켐텍, 유진기업, 삼표시멘트, 원익QnC, 앤디포스, 넥스턴, SG, 동양파일, 미래SCI, 쎄노텍
	금속	제낙스, 태광, 성광벤드, 와이지-원, 포스코엠텍, 하이록코리아, 태웅, 동국S&C, 삼목에스폼, 유에스티
	기계, 장비	에스에프에이, 고영, 미래컴퍼니, 젬백스, 톱텍, 로보스타, 대보마그네틱, 디에이테크놀로지, HB테크놀러지, 에스엠코어
	일반 전기전자	대아티아이, RFHIC, 대한광통신, 위닉스, 지엠피, 슈프리마, 삼본정밀전자, 피앤이솔루션, 에치에프알, 덕산하이메탈
	의료, 정밀기기	오스템임플란트, 디오, 뷰웍스, 바텍, 인바디, 아이센스, 클래시스, 파크시스템스, 루트로닉, 에이언스

표11 | 2018년 12월 말 기준 한국거래소의 코스닥 업종별 구성종목 2

구 분	업종명	구성종목 중 시가총액 상위 10개사
K O S D A Q	운송장비 부품	에이치엘비, 에스모, 성우하이텍, 우리산업, 유니테크노, 아스트, 오텍, 평화정공, 광림, 대양전기공업
	기타 제조	에이스침대, 에스엔피월드, 제이에스티나, 노바텍, 서울전자통신, 손오공, 에이디칩스, 듀오백
	통신 서비스	한국전자금융, 한국정보통신, 세종텔레콤, 나이스정보통신, 전파기지국, 인포바인, 인포뱅크, 케이엘넷, 한네트
	방송 서비스	CJ E&M, GS홈쇼핑, KMH, KNN, 한국경제TV, YTN, 티비씨, 씨씨에스
	인터넷	카페24, 사람인에이치알, 다나와, 케이아이엔엑스, 가비아, 예스24, 이상네트웍스, THE E&M, 지와이커머스
	디지털 컨텐츠	펄어비스, 컴투스, 더블유게임즈, 웹젠, 위메이드, 게임빌, 네오위즈, 지니뮤직, 멀티캠퍼스, 넥슨지티
	소프트웨어	지트리비앤티, 아프리카TV, 안랩, KG이니시스, 한글과컴퓨터, NHN한국사이버결재, 유비케어, 민앤지, KG모빌리언스, 골프존
	컴퓨터 서비스	상상인, 큐로컴, 오상자이엘, 현대정보기술, 오픈베이스, 아이티센, 에스넷, 한일네트웍스, 인성정보, 정원엔시스
	통신장비	텔콘RF제약, 케이엠더블유, 아이디스, 서진시스템, 비덴트, 다산네트웍스, 인콘, 유비쿼스, 홈캐스트, 삼지전자
	정보기기	아이리버, 코텍, 푸른기술, 엠젠플러스, 빅솔론, 토비스, 바이오스마트, 알엔투테크놀로지, 딜리, 데이타솔루션
	반도체	SK머티리얼즈, 서울반도체, 원익IPS, 리노공업, 이오테크닉스, 실리콘웍스, 티씨케이, 동진쎄미켐, 와이솔, 덕산네오룩스
	IT 부품	엘앤에프, 에코프로, 에스티큐브, 나노스, 비에이치, 아트라스BX, 파트론, 다원시스, 이녹스첨단소재, 모다이노칩

표12 | 2018년 12월 말 기준 한국거래소의 코스닥 업종별 구성종목 3

주식의 바다에서 서핑하듯 투자하라

주식의 바다에서
서핑하듯 투자하라

지은이 알렉스 강
펴낸이 이종록   펴낸곳 스마트비즈니스
등록번호 제 313-2005-00129호   등록일 2005년 6월 18일
주소 경기도 고양시 일산동구 정발산로 24, 웨스턴돔타워 T4-414호
전화 031-907-7093   팩스 031-907-7094
이메일 smartbiz@sbpub.net
ISBN 979-11-6343-014-8   03320

초판 1쇄 발행 2019년 5월 3일

네이버 증권에는 주식투자에 대한 다양한 정보를 제공하고 있다.

그래서 주식투자에 있어서 네이버가 필요하고, 네이버면 충분하다.

하지만 우리는

네이버 증권이 제공하는 서비스를 10%도 채 사용하지 못하고 있다.

최소한 네이버에서 제공하는 다양한 정보들을 활용할 수 있어야 한다.

이 책에서는 네이버를 활용한 주식투자 방법에 대해 설명한다.

네이버 증권에서 제공하는 정보만으로도

기본적 분석, 기술적 분석, 심리적 분석으로 '가치투자 종목'을 찾을 수 있다.

개인투자자들은 더 이상 세력에 휘둘리지 않으면서,

높은 수익을 거두기에 충분할 것이다.

네이버 증권 100% 활용 방법들

① 네이버 증권의 '종목추천 서비스 활용하기!'

② 네이버 증권을 활용한 '테마주 찾기!'

③ 네이버 증권을 활용한 '급등주 찾기!'

④ 네이버 증권을 활용한 '배당주 찾기!'

⑤ 네이버 증권을 활용한 '재무 분석하기!'

⑥ 네이버 차트 활용, '캔들 차트와 갭 상승 신호 포착!'

⑦ 네이버 차트 활용, '이동평균선 골든크로스로 금맥 찾기!'

⑧ 네이버 차트 활용, '추세선을 활용한 매매 타이밍!'

⑨ 네이버 차트 활용, '눌림목 분석을 통한 상승 추세!'

⑩ 네이버 차트 활용, 'MACD 추세 분석!'

⑪ 네이버 차트 활용, '스토캐스틱 슬로우 매수 타이밍!'

⑫ 네이버 차트 활용, 'RSI 추세 강도 이해!'

⑬ 네이버 차트 활용, 'OBV 거래량으로 심리적 분석!'